LESE®BUCH

Was ist ein LESE®BUCH?

Die Leser der beiden großen Zeitschriften „Reisemobil International" und „Camping, Cars & Caravans" freuen sich jeden Monat über wertvolle Tipps für Technik, Praxis und Reisen. Auf Tipps für die schönste Urlaubsform überhaupt.

Und diese Leser sammeln Erfahrungen. Auf Reisen, mit Kindern und Tieren, auf dem Stellplatz oder Campingplatz, beim Selbstausbau ihres Freizeitfahrzeugs, am Clubstammtisch usw. Diese Erfahrungen können sie jetzt hautnah weitergeben. Denn der DoldeMedien Verlag unterstützt sie dabei mit der neuen Buchreihe LESE®BUCH. Dank Internet und elektronischem Druck lassen sich auch kleine Auflagen einem großen Publikum zugänglich machen.

Von der Reisebeschreibung, die in der Schublade schlummert, über Tipps für Kids aus Urlaubsreisen (Wie bastelt man eine Pfeife aus Weidenstöcken? Was spielt man mit Kids an Regentagen?) bis hin zur Dokumentation vom Selbstausbau eines VW-Bullis, zum Roman, der schon lange im Kopf kreist, oder zum Gedichtbändchen, in dem sich was auf Camping reimt: Alles ist möglich. Das DoldeMedien LESE®BUCH möchte keinen Literaturpreis gewinnen, sondern Erfahrungen, Tipps und Unterhaltung weitergeben. Ganz direkt und von privat an privat.

Die schreibenden Leser senden einfach ihr Manuskript mit/ohne Bilder an den DoldeMedien Verlag (egal wie viele Seiten oder Bilder). Dort wird gesichtet und – wenn für geeignet empfunden – das nächste LESE®BUCH geboren. Wie zum Beispiel dieses.

Viel Spaß beim Schmökern und beim Schreiben wünscht Ihnen das LESE®BUCH-Team.

DoldeMedien
VERLAG GMBH

IMPRESSUM

Copyright: © 2007 by DoldeMedien Verlag GmbH, Postwiesenstr. 5A, 70327 Stuttgart

Text und Fotos: Uwe Blontke
Herstellung: BOD Books on Demand GmbH, Norderstedt

Nachdruck, auch auszugsweise, nur mit ausdrücklicher Genehmigung des Verlags und mit Quellenangabe gestattet. Alle Angaben ohne Gewähr.
PRINTED IN GERMANY · ISBN 978-3-928803-42-7

Uwe Blontke

Ostalgie-Camping

*Camp-Erlebnisse
in der DDR*

Inhalt

1 Wie man Camper wird 7

2 DDR-Ostalgie-Camping 9
Impressionen zum DDR-Campingleben
der 70er und 80er Jahre 11
Drognitz 12
Ückeritz 16
Templin 22
Waren 27
Dübener Heide 32
Frankfurt/Oder 40
Dobbrikow 49
Warnitz 55
Zaue 58
Dippelsdorfer Teich 64

3 Grenzüberschreitende Ostalgie 69
Vor dem ersten Mal 69
Geschichtchen aus Bruderfreundesland 72
    Prag 75
    Ungarn 86
    Rumänische Impressionen 100
    Bulgarische Geschichte und Geschichtchen .. 116
    Grenzerfahrungen 159
    Tschechoslowakei 163

4 Ossis im Westen 173

5 Epilog 183

1 Wie man Camper wird

Es muss in meinen Genen so angelegt sein, dass ich ein Faible für Camping entwickelte. Bereits seit frühester Kindheit hatte ich immer irgendwie das Bedürfnis, unter einem Zeltdach zu leben. Zumindest erinnere ich mich, dass ich mich in derartigen Situationen einfach wohl fühlte. Das begann mit dem Aufenthalt unter dem großen Stubentisch, von dem ich nach einiger Zeit in einen anderen Raum umzog und eine abgeschlossene Ecke suchte, um dort das angefangene Spiel fortzuführen. Mit einem kleinen selbst zusammengebastelten Zirkus kutschierte ich von einer Teppichecke in die andere, baute auf und ab, ganz so wie es bei späteren Reisen auch sein würde.

Mit zunehmendem Kindesalter setzten sich diese Aktionen im Freien fort. Ein Stück Wäscheleine, zwei Decken, Wäscheklammern und Steine als Heringsersatz reichten aus, um zwischen zwei Baumstämmen ein Zelt zu errichten. Die erste Übernachtung im nahe gelegenen Wäldchen bildete den schaurig-schönen Höhepunkt eines sich anbahnenden Camperlebens. Die Decken wurden von eigenhändig imprägnierten Stoffbahnen abgelöst und riesige Nägel übernahmen die Funktion der Heringssteine. Später ersetzten Armeezeltplanen diese Konstruktion und das Ganze nahm schon den Charakter richtigen Zeltens an. Höhepunkt und vorläufiger Abschluss der kindlich-jugendlichen Camperkarriere bildete der Aufenthalt in einem ersten selbst gekauften Hauszeltchen mit einer winzigen Luftmatratze. All diese Vorzeichen eines sich anbahnenden Hobbys führten als Nebeneffekt zur Sammlung angenehmer, aber größtenteils unangenehmer Erfahrungen. Jeder Camper, der von der Pieke auf diesen Weg eingeschlagen hat, weiß, wovon ich schreibe: Die nächtlichen Geräusche, Städterohren ungewohnt und deshalb argwöhnisch belauscht, die in den Morgenstunden heraufkriechende feuchte Kälte, die drückende Wurzel unter dem Gras- oder Laubbett, das ängstliche Abwarten eines kleines Unwetterchens, der ewige Kampf mit dem plagenden Mückengetier, die morgendliche Toilette im Walde, und nicht zuletzt das selbst zu kochende Tütensüppchen am Feuer, welches sich ewig nicht entfachen lassen will.

Campingplätze waren in den 50er und 60er Jahren in der DDR noch recht rar, ihre Ausstattung eigentlich nicht vorhanden oder naturbelassen – wie es heute heißen würde.

Ein Beispiel: Am Rande der DDR-Hauptstadt Berlin gab es bei Grünau einen schmalen Wald- und Seestreifen, der als Zeltplatz ausgewiesen war. Den für die Nutzung notwendigen Zeltschein musste man in einem Magistratsbüro am Alexanderplatz erwerben, was auch problemlos und kostengünstig möglich war. Einen Platzwart gab es in Grünau nicht, dafür aber mehrere Polizeistreifen zu nächtlicher Stunde, die die Zeltscheinkontrollen gründlich und mit gebotener Strenge vornahmen. Der Rest war urnatürliches Campieren am Rande der Zivilisation. Viele meiner damaligen Freunde hatten diese Art des freien Lebens längst aufgegeben, ich blieb ihr treu, weil es in meinen Genen so angelegt sein muss.

2 DDR-Ostalgie-Camping

Im Urlaub verreisen – so etwas gab es auch in der ehemaligen DDR!! Der Werktätige hatte sogar verschiedene Auswahlmöglichkeiten bei der Beschaffung eines Urlaubsplatzes:

Da war zunächst die billige Variante über die Einheitsgewerkschaft, den FDGB. Alle paar Jahre kam es sogar vor, einen der begehrten Ostseeplätze zu ergattern.

Das staatliche Reisebüro DER verkaufte ebenfalls Unterkünfte in Hotels oder einfachen, privat vermieteten Fremdenzimmern. Eine Buchung zu ergattern, war allerdings mit viel Rennerei verbunden.

Manche Betriebe oder Institutionen hatten eigene Ferienunterkünfte in landschaftlich reizvollen Gegenden. Als da waren: Bungalows auf Zeltplätzen, Bauwagen an Talsperren und Seen, Austauschplätze in Schulräumen oder sogar hübsch eingerichtete eigene Betriebsferienheime. In einigen Fällen gab es derartige Unterkünfte auch in den sozialistischen Bruderstaaten.

Wer einen der begehrten Urlaubsplätze erkämpft hatte, stand monatelang unter freudigem Erwartungsstress. Was dann kam, entsprach oft weniger den an sich schon klein gehaltenen Vorstellungen und Wünschen:

9

Essen zu festen Zeiten ohne viel Wahlmöglichkeiten, Essenbons, mit denen man beliebige Gaststätten aufsuchen konnte, aber meist das nehmen musste, was noch vorhanden war, gestresstes und übellauniges Personal mit Platzierungswut, lange Wege zwischen Schlaf- und Futterstelle, Kulturangebote, die der sozialistischen Erziehung des Menschen dienten, wie Zeltkino, Lichtbildervortrag oder Gemeinschaftsausflug unter gewerkschaftlicher Führung, manchmal auch niveauvolle und aufmerksame Betreuung durch liebevolle Gastgeber und bemühte Mitarbeiter des FDGB, des Reisebüropartners oder des Betriebes.

Da wir weder den BGLler (Gewerkschaftsfunktionär des Betriebes), noch den Damen im Reisebüro und auch nicht den dienstlichen Vorgesetzten schmieren wollten, beschlossen wir eines Tages kühn und verwegen, die totale Freiheit auf dem Campingplatz der staatlich gelenkten Urlaubsführung den Vorzug zu geben.

Der Gedanke war wirklich kühn. Zunächst einmal musste eine Zeltausrüstung besorgt werden, das gelang über ein Leipziger Versandhaus (so etwas gab es auch in der DDR!). Dann hieß es, einen geeigneten Campingplatz zu finden. Dafür gab es einen kleinen Campingführer, in dem alle DDR-Plätze aufgelistet waren. Und schließlich musste man sich eine Art Antrags- und Antwortkarte bei der Post besorgen, mit der, und nur mit der, man sich um einen Platz seiner Wahl für einen Aufenthalt bewerben konnte. Für die heiß begehrten Ostseeplätze musste ein andersfarbiges Formular verwendet werden. Das Bittschreiben ging dann an eine zentrale Vermittlungsstelle, die einem nach gewisser, meist längerer Zeit eine Bestätigung, Terminänderung oder Ablehnung zukommen ließ.

Wir hatten mit unseren Inlandwünschen fast immer Glück. Einen Ostseeplatz zu erringen, gaben wir kampflos auf.

Das neue Zelt war endlich da, ein so genanntes Steilwandzelt Marke „Traumland": zwei Einhängekabinen und ein Vorraum, dazu ein kleines Vordach, sehr angenehm bei Regenwetter. Ein erstes Probecampen führte uns an die Hohenwarte-Talsperre in Thüringen.

Sicherheitshalber hatten wir uns für die restlichen Urlaubstage eine Reisebüro-Unterkunft an einem See im Brandenburgischen besorgt. Sicher ist sicher, wer weiß, ob die Familie campingtauglich ist. Sie war es, der Wettergott stand uns bei! Die Campingtage wurden einfach traumhaft, der anschließende Reisebüro-Urlaubsaufenthalt umso schrecklicher. Jetzt gab es für uns keine Zweifel mehr, auf welche Weise wir künftig die schönsten Tage des Jahres verbringen würden.

Impressionen zum DDR-Campingleben der 70er und 80er Jahre

Da wir damals noch nicht von einem eigenen Auto träumen durften, laut Anmeldung kamen wir frühestens in 10 Jahren in diesen Genuss, verluden wir anfangs Zelt und Zubehör in ein Gütertaxi und ließen das Ganze gegen erträgliche Gebühr zum Campingplatz transportieren. Die Familie und Freunde fuhren mit Bus, Bahn oder Moped hinterher.

Später packten wir die Campingausrüstung in riesige Kisten und Koffer, die wir per Reichsbahn mindestens vier Wochen vorher zum Zielort verfracht(gut)en ließen. Auf die paar Lagergebühren sollte es nicht ankommen, wenn wenigstens alles pünktlich am Bestimmungsbahnhof war. Den Transport zum Campingplatz besorgten wir mit schriftlich organisierten Gütertaxis.

Auf dem Campingplatz gewöhnten wir uns schnell an die so genannten Plumpsklos mit Wasserspülung aus dem Eimer vor der Toilettentür. Auch die tägliche Körperwäsche an langen Wassertrögen im Freien bereitete uns als junge Leute keine Probleme. Schließlich waren wir kinderferienlagererfahrene Staatsbürger mit viel anerzogenem Improvisationsvermögen. Dass die Campingfreunde aus der Bundesrepublik und Holland auf eigenen Platzteilen mit für unser Empfinden feudal-vornehmen Sanitäranlagen untergebracht waren, störte nicht, ließen diese Leute doch die dringend benötigten Devisen zum Aufbau der DDR (!) zurück – wie man es uns propagandistisch überzeugend nahe zu bringen versuchte. In unserem jugendlichen Leichtsinn haben wir den Quatsch ernsthaft geglaubt.

Camping zu DDR-Zeiten war einfach und oft vom guten Willen der Platzverwalter maßgeblich geprägt. Allerdings war es auch ein preiswertes Unternehmen, kostete der Aufenthalt pro Tag und Person doch nur etwa 1 Ostmark. So gesehen, waren Investitionen in die Sanitäranlagen nur möglich, wenn die Hygiene(verwaltung) oder bei sonstigen Bauten der Arbeitschutz ein Machtwort sprachen. Manchmal halfen auch Volkseigene Betriebe (VEB) nach, die für ihre Betriebsangehörigen eigene Ferienplätze in Form von gemieteten Campingplatzteilen mit Zeltlagern oder unbürokratisch errichteten Hütten geschaffen hatten.

Die meisten Erinnerungen an die einzelnen Plätze, die wir damals besucht hatten, sind verblasst, doch einiges haftet noch im Gedächtnis. Hier die erhalten gebliebenen Bruchstücke einer ostalgischen Campingvergangenheit aus alten DDR-Zeiten:

Drognitz (1971/74)
an der Hohenwarte-Talsperre in Thüringen:

Eine schmale, unbefestigte, von tiefen Rinnen geprägte Fahrwegstraße führte vom Ort tief nach unten an den Stausee. Wir campierten auf einer geneigten Wiese unmittelbar am Wasser, in einer herrlichen, den See umgebenen Berglandschaft. Mit dem Faltboot paddelten wir fast den ganzen Tag lang auf dem Stausee umher.

Weniger Vergnügen bereitete das Baden im trüben, schlammigen Wasser. Bei Niedrigwasserstand ist die Uferregion ziemlich steinig, aber das haben schließlich die meisten Talsperren so an sich. Damals fiel es uns noch nicht unangenehm auf, dass täglich ein Wasserwagen das kostbare Nass bereitstellen musste, weil es entweder noch keine oder eine im Moment nicht intakte Wasserleitung gab. Schließlich war es unser erster richtiger Campingaufenthalt. Da wusste man noch nicht, ob das normal war.

In unserem Steilwandzelt konnte man stehen, das unterschied diese Leinwandvilla von den kleinen Hauszelten, in die man nur auf allen Vieren rein- oder rauskrabbeln kann. Das neue Urlaubsdomizil war gedacht für meine kleine Familie, bestehend aus meiner Frau, unserem Söhnchen und mir. Da wir aber das erste Mal unterwegs waren und keine blasse Ahnung hatten, was uns bei einem gewöhnlichen Campingaufenthalt erwartete, begleiteten uns noch zwei erwachsene Freunde, die ebenso wenig Erfahrung mit dieser Art der Freizeitverbringung hatten wie wir.

Stausee Hohenwarte

Das Wetter war wunderschön, also konnten wir problemlose Urlaubstage verbringen. Abends trafen wir uns auf ein Bierchen beim Dauercamper und selbsternannten Vorsitzenden des Platzaktivs Gerald, der uns mit allerlei Geschichtchen erheiterte oder ergruseln ließ. Tagsüber hieß es faulenzen, baden oder basteln, was Ebbi, einer unserer Freunde, am liebsten tat, während Wolle, der andere Kumpel, unermüdlich auf dem See umherpaddelte.

Dabei sorgte er für Verpflegungs- und Getränkenachschub von einem auf der gegenüberliegenden Seeseite befindlichen Campingplatzkiosk. Unser kleiner Sohn war meistens mit auf großer Fahrt und somit stundenlang unterwegs, womit sowohl für ständige Beaufsichtigung als auch für erholsame Ruhe gesorgt war. Wenn da nicht Ebbis unermüdliche Basteleien genervt hätten, die sich etwa auf folgendem Niveau bewegten: Ebbi fand, dass es im Vorzelt zu wenig Ablagemöglichkeiten gab, also musste ein Regal her. Und so erfand er das Hängeregal aus Stricken und Brettern für Zeltgestänge. Nach Fertigstellung brachte er allerlei Gegenstände unter, die nunmehr ihren geordneten Platz gefunden hatten. Es waren zuerst seine Bastelutensilien wie Werkzeuge, Schrauben- und

Nägelschachteln. Einige wenige Gerätschaften des täglichen Gebrauchs fanden ebenfalls noch Platz. Ein richtiger Camper hätte geahnt, was kommen muss. Irgendjemand stieß an irgendeiner Stelle irgendwie an das Zeltgestänge. Es kann auch ein Windstoß vor oder während eines nächtlichen Gewitters gewesen sein. Jedenfalls geriet das Hängeregal ins Schwingen und warf vor Schreck oder aus Angst den geparkten Inhalt einfach ab. Nun wäre das an sich kein Problem gewesen, wenn drunter ein Zeltteppich gelegen hätte. War aber nicht so, stattdessen zierte Grasboden die Fläche im Vorzelt (so nannten wir den Raum vor den Schlafkabinen). Ebbi krabbelte noch tagelang auf dem Boden umher und sammelte die verstreut, versteckt liegenden Schrauben und Nägel wieder ein. Zuletzt sahen wir ihn mit einem riesigen Magneten an der Angel durch das Zelt streifen. Erstaunlich – der Junge war nie missgelaunt oder gar wütend. Nebenbei baute er aus Birkenästen einen kleinen Tisch, verschieden hohe Stühle und eine Sitzbank. Als wir später den Platz verließen, freute sich der nachfolgende Camper über diese Einrichtung. War doch auch er ein Neuling in der Branche und hatte bei der Planung seines Urlaubs, wie wir, weder an Stühle noch an die Anschaffung eines Tisches gedacht.

Versorgungsfahrten zwischen Camping Drognitz...

Waren es diese kleinen Problemchen, die den ersten Campingurlaub so unvergesslich machten oder waren es die heimeligen Abende in fröhlicher Runde, die jeweils pünktlich um 22 Uhr abrupt abgebrochen wurden. Wenn es sein musste, hörte Gerald mitten im Satz seiner spannenden Erzählungen auf, falls die Uhr diese magische Nachtruhezeit anzeigte.

Als die Talsperre einst nach ihrer Fertigstellung gefüllt wurde, sei der hier lebende gute Geist Waldischrat zum Wasischrat mutiert, das heißt, er habe seine stillen Wälder verlassen und ins Wasser wechseln müssen. Früher hätte er die Waldarbeiter, Förster, Waldtiere und Wanderer geneckt, jetzt würde er im See umhertoben, mit den Fischen spielen und

Camping auf dem Zeltplatz Drognitz

... und Camping Am Alter (am gegenüberliegenden Ufer)

die Fischer ärgern. Am liebsten triebe er es aber mit den Touristen und würde ihnen arg mitspielen, wenn sie sich nicht an die Regeln eines gesitteten Umgangs mit seiner Natur hielten. So erzählte es uns Gerald und untermauerte seine Ausführungen mit einer Fülle spaßiger, aber auch Gänsehaut erzeugender Legenden und Episoden um den Schrat der Hohenwarte-Talsperre. Natürlich wussten wir, dass der gute Mann mit seinen Geschichten besonders den mit offenen Mündern zuhörenden Kindern auf diese nette Art die Verhaltensregeln für Camper lehren wollte. Eine davon war die unbedingte Einhaltung der Nachtruhe auf dem Platz.

Es war einer unserer letzten Abende des ersten Camperurlaubs. Die Flasche kreiste in der Runde und alle waren fröhlich. Etwa um Mitternacht wechselte die Fröhlichkeit in Ausgelassenheit, die sich steigerte, als irgendwer auf die Idee kam, zwecks Abkühlung noch ein Bad zu nehmen. Gedacht, getan, die Meute tobte ins Wasser und brachte lärmend die Campergemeinde gegen sich auf. Was stört das einen bedudelten Kopf, zumal eine ganze Horde Gleichartiger herumwuselte. Irgendwann war dann Ruhe und man schlief seine Räusche aus. Zuerst glaubten am nächsten Morgen alle, von ihren trägen Sinnen genarrt zu sein. Das Zelt war weg, das Paddelboot lag nicht mehr im Wasser, sondern 50 Meter weiter zerlegt auf der Wiese. Ringsum verteilt zierten allerlei Sachen, die sonst geordnet im Zelt gelagert waren, das Gelände. Eine Rache der anderen Camper für die gestörte Nachtruhe? Dieser Gedanke verflog schnell, als wir feststellen mussten, dass es nicht das Morgenlicht war, was die gespenstische Szenerie beleuchtete, sondern im großen Halbkreis postierte Autos, deren Scheinwerfer nicht nur unseren Stellplatz, sondern eine ganze Schneise auf der Wiese ausleuchteten. Langsam, ganz langsam realisierten wir die Situation. In der Nacht war eine Windhose, so nannte man damals kleine Tornados, über den Platz gefegt und hatte ziemliche Verwüstungen angerichtet. Wir hatten von allem so gut wie nichts mitbekommen, auch sonst war nichts passiert, was Ebbi nicht wieder reparieren konnte. Warum mir die Geschichte mit dem Schrat nicht mehr aus dem Kopf ging, kann ich mir bis heute nicht erklären.

Als wir drei Jahre später das Camp bei Drognitz noch einmal besuchten, hielten wir uns fast pingelich an die vorgeschriebene Ordnung. Trotzdem möchten wir an diesen Aufenthalt nicht gern erinnert werden, endete er doch – ohne Schuld des Platzes, seines Schrats oder sonstiger mit dem Camping verbundener Umstände – mit einem Abbruch wegen Krankheit eines Familienmitglieds.

Ückeritz (1972)
auf der Insel Usedom

Der Campingplatz war ein riesiges Areal mit hauptsächlich im Kiefernwald damals noch recht willkürlich im Gelände verteilt angelegten Stellplätzen. Wenn man Pech hatte, landete man in einer Kuhle, die sich bei Regen schnell mit Wasser füllte. Wir hatten Glück und konnten unsere Zelte auf dem angemieteten Platzteil eines Betriebes aufstellen, was

Naturcamping Ückeritz

uns in den Besitz eines Schlüssels für das betriebseigene Toilettenhäuschen brachte. Somit gehörten wir zur privilegierten Schicht der Camper.

Noch heute erinnern wir uns an den herrlichen weiten Sandstrand und die Inselausflüge zwischen Ostsee und Haff, aber auch an die Grabenbuddelei, wenn es regnete und wir trotzdem absoffen. Anfängerpech!

Die Stellplatzvergünstigung verdankten wir einer befreundeten Familie, deren Frau das Glück ereilte, für einen kleinen Obolus den Vertragsplatz des Betriebes einige Wochen nutzen zu dürfen. Die Anzahl der Mitreisenden spielte dabei keine Rolle. Da der Ehemann ein Arbeitskollege von mir war, kamen auch wir in den sozialen Genuss des uns fremden Betriebes.

Sollte das alles ein wenig verworren klingen, liegt das nicht an mir, sondern an dem verworrenen Urlaubsplatzsystem der DDR. Wer sich fragt, wie ein Betrieb auf einem öffentlichen Campingplatz Stellflächen nach eigenem Gutdünken vergeben konnte, muss wissen, dass die VEB und staatlichen Institutionen eine Art Sponsoring, genannt Partnerschaft, über die staatlichen Camps übernommen hatten. Meist taten sich mehrere Betriebe einer Region am anderen Ende der Republik zusammen und schulterten die materiellen Lasten gemeinsam.

Die die Urlaubsplätze, so nannten wir die verschiedenen Möglichkeiten betrieblicher Unterbringungen, nutzenden Mitarbeiter durften dann aus Dankbarkeit während ihrer Anwesenheit einige Pflege- oder Montage- und Reparaturarbeiten verrichten. Da das bei den Betriebsangehörigen aber nicht sonderlich gut ankam, gingen einige Kooperationsgemeinschaften dazu über, während der Urlaubszeit eine Art Platzmeister zu entsenden, mit allen Vollmachten eines verlängerten Arms der BGL und Betriebsleitung. Wir hatten das Glück, einen solchen Platzhalter vorgesetzt bekommen zu haben. Deshalb waren alle Einrichtungen tipptopp in Ordnung und gepflegt. Der Junge führte ein strenges Regime, achtete auf die strikte Einhaltung aller Gebote der sozialistischen Ethik und Moral. Da er uns aber als ehemaliger Kollege persönlich bekannt war und einst wegen eines Vergehens bei uns gefeuert worden war, was natürlich hier niemand wusste, hatten wir von ihm nur Gutes zu erwarten. Und so durften wir hin und wieder einmal über die Stränge schlagen und Unsozialistisches tun. An organisierten Veranstaltungen mussten wir uns nicht beteiligen, Arbeitseinsätze waren tabu und kleine Reparaturen wurden, bei Bedarf sogar mit Mangelmaterialien, sowieso von anderen erledigt.

Um eine Nachtwache kamen wir aber nicht herum. Eines Tages vermeldete der stets wachsame Lagerfunk im Auftrage der Volkspolizei, dass sich ein entflohener Mörder entlang der Küste in Richtung polnischer Grenze bewege. Mörder in der DDR! Das war was Neues, zumindest als offizielle Meldung. Also wurde eiligst ein Patrouillendienst organisiert, mit Taschenlampen und Knüppeln ausgerüstet und auf Wache geschickt. Und so zogen wir stundenlang im Gelände umher und suchten den Kriminellen. Wie sieht so einer eigentlich aus? Verdächtig! – So die Antwort des polizeilichen Abschnittsbevollmächtigten (ABV). Tagsüber war das Ganze anfangs lustig, später lästig. In der Nacht aber wurde es ungemütlich. Alle paar Meter begegneten sich die Wachstreifen und schrien: „Wer da?".

Nur der Mörder meldete sich nicht. Dann kam die erlösende Nachricht: Ein Wachkollektiv hatte den Kerl gefasst. Ein langhaariger, unangenehmer Typ mit Schlafsack und Essbesteck war den Jungs schlafend unter die wachsamen Augen und danach in die Hände geraten. Er hatte weder eine Zeltgenehmigung, noch sonstige Identifizierungspapiere bei sich. Letzteres war eine böse Verfehlung, hatte der DDR-Bürger doch seinen Personalausweis stets bei sich zu tragen. Der Mann wurde unter großer Anteilnahme der inzwischen hellwachen Campergemeinde dem ABV vorgeführt, wobei er den einen oder anderen Stüber ertragen musste, ganz zu schweigen von den verbalen Nettigkeiten, die sich über ihn ergossen. Der ABV, ein ältlicher, etwas langsamer, aber auf seine Art gemütlich wirkender Genosse, geriet angesichts der kollektiven Beute in polizeiliche Verzückung und hielt eine für sozialistische Verhältnisse außergewöhnlich kurze Rede politisch einwandfreien Inhalts. Nach einem Telefonat mit seiner vorgesetzten Dienststelle verwandelte er sich äußerlich in eine stramme Autoritätsperson, schickte die Anwesenden zurück in ihre Parzellen und verschwand mit dem Gefangenen irgendwohin. Die Camper hatten jetzt alle Münder voll zu tun, das Ereignis auszuwerten, den eigenen Anteil ausgeschmückt darzustellen und so manches Bierchen auf den Schreck und zwecks Beruhigung zu trinken. Endlich konnten alle wieder ruhig schlafen. Die Frauen gestanden uns, dass sie trotz unserer Abwesenheit wegen Wachpflichten eigentlich keine Angst vor irgendjemanden gehabt hatten. Das tat weh, hatte uns das Ereignis doch das stolze Gefühl vermittelt, unentbehrlicher Beschützer der Sippen zu sein. Die Gerüchteküche brodelte. Über die Tat des Mörders gab es so viele Abläufe und Motive wie Gesprächsteilnehmer, besonders morgens am Kiosk, tagsüber am Strand und abends wieder am Kiosk. Und trotzdem sickerte die Wahrheit durch. Der ABV musste unter ständigem Schweißabwischen gestehen, dass wir den falschen Delinquenten erwischt hatten. Der richtige war den Staatsorganen bereits vor der Lautsprecherdurchsage in die Fänge gegangen. Es war auch kein Mörder, sondern ein nach einer Prügelei flüchtiger Montagearbeiter. Nach anfänglicher Betretenheit kamen dann aber doch alle überein, dass der falsche Mörder sein Schicksal trotzdem verdient hätte. Warum lief er auch gesetzwidrig ohne Personalausweis durch die Gegend. Und so war die Welt wieder in spießiger Ordnung.

Die Tage an der Ostsee waren herrlich, die Nächte meistens auch. Unsere noch nicht schulpflichtigen Knaben lebten in einer wilden Freiheit, wie sie sie nur selten genießen konnten. Sie beschmissen sich mit Dreck und Pampe, wurden dafür weder gerügt noch bestraft, zogen durch die Gegend und fraßen Dinge aus, die wir Eltern zum Glück nicht

Badefreuden und Erholung am Strand

erfahren wollten. Hatten die beiden Kerlchen doch zum ersten Mal das Meer zu sehen bekommen. Im Vorfeld der Reise weckten wir mit allerlei Schilderungen ihre Neugier auf das sie Erwartende. Und so beobachteten wir ihre Gesichter, wie sie wohl das endlose Meer beeindrucken würde. Enttäuscht mussten wir Eltern dann aber erkennen, dass sich die Knaben statt für das Meer ausschließlich für den feinen, schwarzen Waldboden interessierten. Die See diente anfangs lediglich der täglich mehrmals erforderlich werdenden Grundreinigung. Das änderte sich, als die beiden den breiten Sandstrand als unerschöpfliche Quelle beschäftigungsfördernder Möglichkeiten für sich erkannten.

Erwachsene beherbergen den Buddeltrieb jedenfalls auch noch tief in ihrem Inneren. Zuerst bauten wir Väter Sandburgen um unsere Strandbesitzungen. Danach legten wir Regengräben rund um unsere Zeltburgen an, zuerst kleine, flache wegen der vielen störenden Baumwurzeln. Als der erste nächtliche Regen erkennen ließ, dass die Wallanlagen den Wässerchen nicht trotzen konnten, buddelten wir breite und tiefe Ablaufkanäle mit Wassersammelbecken an ihrem Ende. Nun konnte selbst ein Unwetter unseren Behausungen nichts mehr anhaben. Dachten wir. Das Gewitter kam. Wir bemerkten es in seiner Wirkung, als das Wasser unter den Liegen plätscherte und den dort verstauten Utensilien das Schwimmen beibrachte. Verzweifelt versuchten wir mit Handwerkzeugen aller Art, die Fluten einzudämmen. Dabei erkannten wir den Trick, dass man in den Gräben die Erde nur ein wenig ankratzen oder lockern musste, um das Wasser in Sekundenschnelle versickern zu lassen. Da lag daran, dass die ersten Rinnsale die Grabenböden versiegeln und so das Wasser zum Fließen, statt zum Versickern brachten. Im Nu waren die Fluten verschwunden, hatten aber eine schlammige Kruste auf dem von unseren Knaben so geliebten Waldboden hinterlassen.

Das Gewitter hatte bald genug von sich und überließ dem Morgen die Aufräumarbeiten. So auch unserem Zeltnachbarn, der auf einem Hügel campte und sich, Pfeifchen schmauchend, des öfteren grinsend über unsere Camperlehrzeit amüsierte. Diesmal hatte es ihn erwischt. Sein Zelt war während des Gewitters zur Hälfte abgesoffen. Der über unseren tiefer gelegenen Stellplatz hinweggebrauste Gewittersturm hatte ihn auf dem Hügel voll erwischt. Die Leinen gaben nach, Zeltstäbe knackten um und das Zelt brach zusammen. Dann kam der Regen und ergoss sich über die gesamte, beschädigte Behausung. Wir erwarteten mitleidig und mit ein bisschen menschlicher Schadenfreude einen verzweifelten Mitcamper. Stattdessen erschien der Mann, sein Pfeifchen stopfend, eine Bierflasche in der Hand, und begann mit einer provokanten Ruhe, den Krempel zusammenzuräumen. Er hängte die Luftmatratzen und Schlafsäcke zum Trocknen auf und baute gemeinsam mit seiner Gattin das zusammengebrochene Zelt wieder auf. Die beiden sprachen kein Wort mit- oder gegeneinander. Anschließend machten sie es sich mit einem Buch in der Hand auf ihrem Campinggestühl bequem. Zuletzt gönnten sie uns, die wir beobachtend vor unseren Leinwandvillen gesessen hatten, ein freundliches Grinsen. Das sollte heißen: „Jungs, bewahrt die Ruhe, wenn es einmal etwas dicker kommt!"

Mindestens von mir kann ich sagen, dass die Lehre angekommen ist. Ein bisschen schämte ich mich auch wegen der kleinen Schadenfreu-

de. Seitdem freute ich mich nie wieder über anderer Leute Ungemach
– zumindest beim Camping.

Der letzte Urlaubstag brach an, wir packten unsere sieben Sachen wieder in die Kisten. Aber wohin mit den noch halbvollen Gasflaschen? Die durften so nicht mit der Bahn transportiert werden. Da kam uns die geniale Idee, das Flüssiggas einfach auszuschütten. Schließlich war es schwerer als Luft und müsste am Boden liegen bleiben. So dämlich dieses Vorhaben aus heutiger Sicht auch war, wir suchten wenigstens eine riesige Wiesenfläche aus, um das Vorhaben zu verwirklichen. Es klappte auch. Das Gas floss wie Wasser, doch endlos langsam in das hohe Wiesengras und verbreitete den bekannten Propangeruch. Das rettete uns vor der Katastrophe. Denn soeben wollte ich meinem Kumpel Feuer reichen für sein Entspannungszigarettchen. Da erinnerte das Gas stinkend daran, dass es ja eigentlich explosiv war. Mit zittrigen Knien verließen wir das Terrain in der Hoffnung, dass in den nächsten Stunden kein rauchender Mensch die Wiese betreten würde.

Templin (1973)
in der Uckermark, Camping am Lübbesee

Diesen Platz gibt es heute nicht mehr. Er wurde bald nach unserem Besuch geschlossen u.a. wegen des unerträglichen Fluglärms durch die Tag und Nacht vom nahen Militärflugplatz startenden Düsenjäger. Außerdem brauchte man das Gelände für den Ausbau der Ferienheime. Von der Anlage her war das Plätzchen recht angenehm. Ein kleiner Badestrand und ebene Stellplätze auf einer an den See grenzenden Wiese blieben in guter Erinnerung. Leckeres Eis wurde in der unweit vom Platz liegenden Gaststätte eines Ferienheimes verkauft.

Die Stellplätze hatten wir über unsere Arbeitsstelle, oder besser über deren übergeordnete Betriebsgewerkschaftsleitung ergattert. Ähnlich wie die großen Volkseigenen Betriebe wollte auch unsere Institution Unruhe wegen mangelnder Ferienplätze in der Belegschaft vermeiden. Also baute man mit gemeindlicher Genehmigung eine Reihe Zelte hier am Lübbesee auf und bot sie sommers den Werktätigen zur Erholung an. Wir packten unser eigenes Zelt und stellten es auf einem freien

Lübbesee: Paradies für Vogelfreunde

Fleckchen neben den betriebseigenen Leinwandvillen auf. Das war gar nicht einfach, wollte uns das mit Erholungskultur beauftragte Gewerkschaftsleitungsmitglied dafür doch einfach keine Genehmigung erteilen. Mit dem Argument, durch die Nutzung des eigenen Zeltes einer anderen Familie einen zusätzlichen Urlaubsplatz zu verschaffen, überzeugten wir das gestrenge Platzvergabegremium und konnten so unseren Willen durchsetzen. Uns ging es hauptsächlich um die geringen Gebühren, die wir für den Aufenthalt zu löhnen hatten. Genau das wurde für die Organisatoren ein Problem. Schließlich nutzten wir die zur Verfügung gestellten Inneneinrichtungen der Leihzelte nicht. Wie soll man das finanziell berechnen? Eine Kontrollkommission aus wichtigen Vorgesetzten, die sich während unseres Aufenthalts vom Erholungseffekt bei ihren Werktätigen in dem vom Betrieb errichteten Ferienlager überzeugen wollte, teilte uns bei abendlicher Geselligkeit mit, dass es unseretwegen sogar eine Sondersitzung der Gewerkschafts- und Betriebsleitung gegeben hatte. Dort war man übereingekommen, keine Gebühren von uns erheben zu wollen. Schließlich hätten wir nur den Stellplatz genutzt, den man uns als Betriebsangehörige nicht berechnen wolle.

Die Tage am Lübbesee hätten so schön werden können. Das Wetter war herrlich, leibliche Genüsse konnten wegen der betrieblichen Versorgungsverträge bestens befriedigt werden, See und landschaftliche Umgebung boten jede Menge Kurzweil und Augenweide. Die tief fliegenden Düsenjäger des sehr nahe gelegenen Militärflugplatzes nervten unerträglich, aber immer nur für kurze, schreckliche Momente. Andauernd aber nervten einige der lieben Arbeitskollegen. Man kannte sich vom Sehen, und wer es nicht wusste, dem wurde sogar in Badehose und Bikini schnell klar, wie die Hierarchie im Betrieb funktionierte. Kleine betriebliche Funktionsträger versuchten, auch hier am Ausbau der personengebundenen Autorität zu basteln. Andere, weniger Bedeutende, bemühten sich, die Achtung vor sich selbst kriecherisch zu demontieren. Die meisten jedoch beobachteten die Manöver lustvoll und verbargen ihre Verachtung nur mühselig. Allen gemein war nicht nur die Zugehörigkeit zum Betrieb, sondern auch die absolute Unerfahrenheit in Sachen Camping. Dagegen waren wir, die wir uns noch immer als Camperlehrlinge betrachteten, ausgebuffte und routinierte Fahrensleute. Die anderen grinsten, als wir auf das Buddeln von Zeltgräben verzichteten, als wir zusätzliche Sturmleinen kreuzweise über dem Steilwandzelt anbrachten und auf Luftmatratzen statt auf Liegen schliefen, wo wir doch so viel Platz hatten.

Ausflugsboot auf dem Lübbesee

Diese und einige andere Kleinigkeiten belustigten unsere lieben Miturlauber so sehr, dass sie uns damit zu verspotten suchten. Da sah zum Beispiel eine Hausfrau, wie mein Sohn nach Gebrauch die Thermoskanne mit der Butter wieder mit gesalzenem Wasser auffüllte. Ich konnte ihr nicht verständlich machen, dass dieser alte Trick aus der Nachkriegszeit den Kühlschrank insofern ersetzte, dass die Butter über längere Zeit nicht ranzig wurde. Sie zeigte uns stattdessen eine Grube, die ihr Mann gebuddelt hatte, um die Lebensmittel kühl und frisch zu lagern. Stolz hob sie den Deckel, schrie laut auf und kreischte nach ihrem Mann. In der

Grube wimmelte es von Ameisen, die sich genüsslich über die Lebensmittel hermachten. Ebenso wenig verstanden die Spötter, dass man auf Luftmatratzen seltener fror als auf dünnwandigen Liegen. Obwohl uns einige Mitcamper nach den ersten Tagen nicht mehr ganz so seltsam angrinten, ließen wir den Rest des Völkchens spotten und taten das Unsrige.

Dann kam der Sturm. Uns überraschte er auf einem Ausflugsdampfer, dessen Kapitän den Wetterbericht nicht gelesen zu haben schien. Mitten auf dem See wurde sein Kahn aus irgendwelchen Gründen plötzlich manövrierunfähig. Der alte Seebär verzog keine Miene, die Besatzung, bestehend aus einem Matrosen und zwei Kellnern, tat so, als ginge sie das alles nichts an. Ich erinnerte mich an das in Ückeritz Gelernte: Ruhe bewaren! Und tat ebenfalls gelassen, obwohl mir ganz anders zumute war. Das Schiffchen schaukelte, trieb ziellos auf dem gepeitschten Wasser umher und trug somit zu einer Fast-Panik bei, die aber unterblieb, weil ja niemand nirgendwohin türmen konnte. Plötzlich tat es einen Ruck und der Kahn lief auf Grund, direkt auf den Badestrand vor unserem Campingplatz. Was sich dort abspielte, erheiterte nicht nur mich, auch eben noch ängstlich jammernde Gemüter vergaßen für kurze Zeit ihre Seenot. Zappelnde, ziellos umherlaufende Männlein und Weiblein sausten über den Platz, spielten mit allerlei umherfliegenden Utensilien Fangen und mussten trotzdem erkennen, dass der Sturm schneller als sie war. Plötzlich, wie gekommen, war das Wetter wieder ruhig. Jetzt wurden wir begafft, von den Campern, die noch nie einen gestrandeten Ausflugsdampfer gesehen hatten. Wir wollten aussteigen, schließlich waren wir ja hier zu Hause. Doch der Kapitän ließ uns nicht. Und so mussten wir warten, bis irgendwelche Rettungskräfte eintrafen, ein Schlepper den Kahn vom See her wieder flott machte und uns in den ziemlich weit entfernten Reparaturhafen bugsierte. Wie wir von hier aus zurück zum Campingplatz kommen sollten, interessierte keinen Menschen. Wenigstens hatten wir vom gestrandeten Dampfer gesehen, dass

Reizvolle Seenrundfahrt

Sturmgesicherter Zeltaufbau

unser Zelt äußerlich unbeschädigt noch am alten Platz gestanden hatte. Und so nahmen wir uns dann Zeit für die Rückreise auf dem Landwege.

Zurück im Camp, waren einige Leute mit Aufräumungsarbeiten beschäftigt, andere packten Koffer und Taschen. Sie sahen wir bereits am Abend nicht wieder. Neben den Abfalltonnen lag ein Haufen Geschirrscherben, vermischt mit anderen, vortags noch wertvollen Gegenständen. Unser Zelt stand. Und bis auf einen kleinen Riss an der Eingangsseite hatten wir keinerlei Schäden zu beklagen. Einige das Unglück überstanden habende Kollegen meinten, sie würden uns wegen unserer Abwesenheit zur Unwetterzeit beneiden. So hätten wir nicht miterleben müssen, wie einer unserer Mittelklasse-Funktionsinhaber das Kommando an sich reißen wollte und seine Kampfgruppenmentalität auszuleben versuchte. Da keiner auf ihn hörte, er selbst nicht in der Lage war, seine Minifamilie zu bändigen, endete die Geschichte in einer wilden Beschimpferei, die mit Sicherheit nach dem Urlaub böse Folgen haben werde. Der Möchtegernbestimmer war inzwischen abgereist. Von Nachwehen der Streiterei habe ich nie etwas erfahren. Die Gerüchteküche munkelte, dass der Wichtigtuer zumindest bei uns seine Karriere beenden musste. Er hatte vermutlich doch mehr Unbeherrschtes von sich gegeben, als die Kollegen mir erzählt hatten. Ein Glück, dass wir auf dem Unglücksdampfer waren und nicht im sturmerprobten Betriebsferienlager, als sich aufgespeicherte Reserveenergien unfreiwillig freisetzten. War das jetzt eine Ruhe! Besser: Hätte das eine Ruhe sein können, wenn nicht die Jagdflieger anderer Meinung gewesen wären. Und am nächsten Tag ein Räumkommando von zu Hause gekommen wäre, um die betriebseigenen Reste eines einst hoffnungsvollen Feriencamps einzusammeln. Alle mussten nach Hause, nur wir nicht. Doch wir wollten, weil wir unsere Zeltkisten auf diesem Wege schnell und kostenlos transportiert bekamen.

Waren (1975)
mit Camping Ecktannen an der Müritz

Diesmal traten wir die Reise mit einer vielköpfigen befreundeten Familie an. Die Transportorganisation hatte vorbildlich geklappt und wir schlugen unsere Zelte wegen der starken Belegung des Camps an weit auseinander liegenden Parzellen auf. So waren wir zwar zusammen, begegneten uns aber nicht alle Augenblicke, was der Eintracht sehr gut tat, wie wir bei späteren Gemeinschaftsfahrten leider anders erfahren mussten.

Camping Ecktannen ist ein riesiges Areal mitten im lichten Wald und mit sehr schönen Badebuchten, allerdings auch mit weiten Wegen zu den Versorgungs- und Sanitäreinrichtungen.

Wir landeten im Jugendbereich mit allen sich daraus ergebenden Vor- und Nachteilen. Neben uns hatte eine Motorradgang ihre Zelte aufgeschlagen. Tagsüber lebten wir in himmlischer Ruhe, die Jungs schliefen ihren vortäglichen Rausch aus oder waren mit ihren Maschinen unterwegs. Nachmittags schraubten sie an den Motorrädern herum und bereiteten sich auf das Nachtleben vor. Leider war das auch die Zeit, als wir vom Strand zurückkehrten. Anfangs trieb uns der Wunsch um, das Terrain möglichst schnell wieder zu verlassen, aber allmählich begannen wir, uns an die Situation zu gewöhnen. Die Burschen hatten nämlich Gefallen an unserem damals achtjährigen Sohn gefunden. Sie verhätschelten ihn, schleppten ihn mit in der Gegend herum und waren sogar bereit, während unserer Abwesenheit die Aufsicht zu übernehmen. Das nutzten wir allerdings nur ein einziges Mal. Als wir von der Einkaufsfahrt zurückkamen, fanden wir unseren Sprössling fröhlich zappelnd zusammen mit zwei bis drei Rockern hoch oben auf einer Kiefer sitzend vor. Dass uns kein Herzinfarkt ereilte, war wohl dem schon eingetretenen Erholungswert des Urlaubs zu verdanken.

Rund um uns hatten einige weitere Jugendgruppen mit und ohne Lehrer als Betreuer ihre Gemeinschaftscamps errichtet. Täglich musste die Platzleitung einige von den Bürschlein wegen Randalierens unter Alkoholeinfluss nach Hause schicken. Die Polizei war ständiger Gast in unserem Jugendcampingbereich, suchte aber in brenzlig werdenden Situationen ziemlich entnervt ohne Blaulicht das Weite. Besonders eine Abschlussklasse mit machtlosem, überfordertem Lehrer trieb es unerträglich bunt. Ich bat um etwas Rücksichtnahme, schimpfte, wenn es besonders arg wurde und setzte mich mit dem hilflosen Lehrer auseinander. Sinn- und erfolglos. Das merkten auch unsere Rocker. An sich scherten sie sich nicht um die Nachbarschaft. Meine verzweifelten Aktionen und die vereinzelten Versuche einiger anderer Camper mussten die Burschen doch ein wenig aktiviert haben. In der Nacht krawallte es im Zeltkreis der Zehntklassler gewaltig. Die Campergemeinschaft sprang aus den Unterkünften und suchte die Ursache der Weltuntergangsgeräusche. Zufrieden mit dem Gesehenen krabbelte alles in die Zelte zurück. Am nächsten Morgen bot sich den herbeigerufenen Polizisten ein Bild, das sie zum Aufsetzen strenger Amtsmienen mit breitem, schwer zu verbergendem Grienen veranlasste. Die Zelte der Jugendlichen lagen zusammengefaltet, mit allerlei Klamotten, Kram und sonstigem Zeug durcheinander gewürfelt auf einem riesigen Haufen. Die Krakeeler vergangener Tage und besonders Nächte schlichen wortlos und verstört um den Haufen herum und begannen zaghaft mit ersten Aufräumarbeiten. Der Platzverweis ereilte leider nicht nur die Lärmbande, sondern auch unsere Rocker. Deren Chefchen erklärte unserem traurigen Sohn, dass sie sowieso vorhatten, abzureisen, was sie dann auch mit laut aufheulenden Motoren unter dem Beifall der Restcamper taten.

Die Landschaft rund um die Müritz, dem größten Binnensee der ehemaligen DDR, und natürlich der See selbst sorgten für unvergessliche Urlaubstage.

Mit dem Traumland-Zelt im Wald von Ecktannen

Die Sanitäranlagen waren allerdings eine unerträgliche Zumutung. Man hatte zwar gerade ein neues Gebäude mit zeitgemäßem Komfort eröffnet, für die Benutzung musste aber entsprechend extra gelöhnt werden. Der Rest bestand aus einer stinkenden Bretterbude. Vor den Türen der „Toiletten" standen in Ermangelung einer Spülung zerbeulte Eimer, die man geflissentlich vor dem Geschäftchen mit Wasser gefüllt haben sollte. Neben dem Sanitärtrakt gab es für die Hygiene eine blecherne Riesenrinne mit Wasserhähnen, an der sich morgens die Massen tummelten.

Unsere Freunde und wir hatten uns für die Tage des Aufenthalts ein Ruderboot gemietet, mit dem wir so oft wie möglich auf dem See herumgondelten. Gab es anfangs noch einige freundschaftliche Rangeleien um den Kahn, ließ das Interesse an ihm allmählich nach. Rudern ist eine anstrengende Tätigkeit, das merkten die Kinder ziemlich schnell, die Erwachsenen, als sie immer öfter die Riemen in die Hände gedrückt bekamen. Und so lag das Boot immer öfter ungenutzt am Ufer. Das ermutigte einen Zeltnachbarn zu der Bitte, das Gefährt auch einmal nutzen zu dürfen, was ihm gewährt wurde. Dankbar spendierte der Mann am Vorabend einen Kasten Bier, den wir zu dritt in fröhlicher Runde leerten. Die Frauen zogen sich mit einem oder mehreren Fläschchen Wein zurück. Ihre Gespräche müssen sich um den See, seine Gefährlichkeit bei Sturm und hohem Wellengang und sonstigen gehörten Gerüchten gedreht haben. Jedenfalls verzichtete die Frau unseres freundlichen Nachbarn auf eine Teilnahme am Seeabenteuer ihres Mannes. Was den nicht davon abhielt, am nächsten Morgen die Reise allein anzutreten. Zwar wollte er den ganzen Tag unterwegs bleiben, wir wussten aber, dass dies mit dem schweren Boot ein schier unmögliches Unterfangen war. Deshalb waren wir Männer eher als die Frauen besorgt, als der Mann zur Mittagszeit noch nicht zurück war. Zu allem Unglück kam am frühen Nachmittag ein etwas stürmisches Wetter auf, was auch die Damen unruhig werden ließ. Die Nachbarsfrau erzählte uns, dass ihr Mann ein trainierter Sporttyp sei, der sehr gesundheitsbewusst lebte und mit allen Lebenslagen klar kam. Das beruhigte dann auch uns Männer. Als sie aber seine Abneigung gegen alkoholische Getränke als Beweis für seine ausgesprochen vorbildliche Lebensweise anführte, kamen uns Zweifel am Wahrheitsgehalt ihrer Aussagen. Wir dachen dabei an den Bierkasten vom Vorabend, den er zur Hälfte ohne erkennbare Trunkenheitsanzeichen allein verkonsumiert hatte. Aus dem windigen Wetter wurde einer der typischen Müritzstürme. Jetzt war es an der Zeit, die Platzleitung zu informieren. Die mahnte zur Ruhe und leitete routiniert die entsprechenden Maßnahmen ein. Das Boot wurde gefunden, angelandet am Steg, wo es immer lag. Von dem Mann fehlte jede Spur. Jetzt wurde es auch den Platzprofis ungemütlich. Sie beschlossen, umfangreichere Rettungsmaßnahmen einzuleiten und verständigten die für solche Zwecke zuständige Seewacht. Motorboote jagten über das Wasser, Polizei und Feuerwehr waren überall präsent. Erfolglos. Die Nacht wurde zum Tage, immer mehr Personen beteiligten sich an der Suche. Der Morgen graute. Längst hatte sich das Wetter wieder normalisiert, der Mann blieb verschwunden. Bis die ersten Zelter vom Bedürfnis getrieben die Toilettenbude anstrebten. Dort fanden sie unseren Mustergatten in der Blechwaschrinne liegend, seinen Alkoholrausch ausschlafend. Der Junge war so besoffen, dass ihn selbst sämtliche aufgedrehten Wasserhähne nicht zum Leben erwecken konnten. Erst die schimpfende Stimme seiner Gattin entlockte dem scheinbar leblosen Sportbody unseres Helden ein Lebenszeichen. Alles atmete auf, nur der Delinquent nicht. Was ihn schwerer traf, die Rache seiner Göttergattin oder die Rechnung der Rettungsorgane, ist mir ebenso unbekannt wie wo er sich so besoffen hat und wie er in dem Trog gelandet ist.

Die jüngste Tochter unseres Freundes hatte Geburtstag. Da ihr Vater ein ausgesprochenes Organisationstalent und begnadeter Leutebeschwatzer war, plante er eine Feier auf einem Ausflugsdampfer mit Unterwegsaufenthalt in einer Ausflugsgaststätte. Kapitän und Besatzung spielten ebenso mit wie die Gastwirtsleute im Ausflugslokal. Es wurde nicht nur für die Kinder ein unvergesslicher Tag, auch wir Erwachsenen hatten jede Menge Spaß und – wie es sich Jahre später zumindest für mich herausstellen sollte – Unbill. Die Jugend amüsierte sich zu den Klängen des hymnischen Sommerhits, der unzählige Male eine weiße Taube, Paloma Blanca, besang. Wir Älteren genossen allerlei anregende Getränke und schwadronierten über alles Mögliche. Im Mittelpunkt stand die soeben unterzeichnete Schlussakte der KSZE von Helsinki. Während der DDR-Rundfunk die scheinbar erreichte Anerkennung der DDR feierte, erzählte man im Westfunk etwas von verschiedenen Körben, von denen einer die Freizügigkeit als nunmehr auch vom Ostblock anerkanntes Menschenrecht beinhalte. Und so träumten wir in unserer Gedankenwelt von Reisefreiheit und anderen schönen Dingen. „Wohin wirst du reisen, wenn du es bald kannst?", fragte mich jemand aus der Runde. Oh, die Alpen sehen, Venedig besuchen, Tirol, Paris, Rom, das Mittelmeer... Mir kamen immer mehr Ideen, andere phantasierten mit. Mensch, was wird, wenn uns nun bald die Welt offen steht? Keiner dachte damals an die Finanzierung der Träume, hatten wir doch alle sichere Arbeitsplätze und Sparen hatten wir gelernt. War es Müdigkeit oder das Wissen, wie unsere Staatslenker innenpolitisch mit internationalen Abmachungen umgingen? Die schönen Traumblasen zerplatzten wie Spinnereien über die Verwendung gedachter Lottogewinne. Die Kinder nahmen wieder von uns Besitz und die Feier ihren Verlauf.

Vier Jahre später fragte mich der vernehmende Offizier der Staatssicherheit, wohin ich als leidenschaftlicher Camper noch gern reisen wollte. Trotzig wollte ich meine Traumziele aufzählen, erinnerte mich aber urplötzlich daran, dass die Stasi mit Vorliebe Leute gegen Lösegeld in den Westen abzuschieben pflegte. Das nun wollte ich auf keinen Fall, schließlich lebten hier meine Familie und meine Freunde. Ich hatte in diesem Moment meine Wichtigkeit für diese Leute völlig überschätzt, aber Einbildung ist nun einmal eine schwer zu vermeidende Momentanschwäche. Und so erzählte ich dem Stasi-Mann etwas von der Sowjetunion, den sozialistischen Bruderländern und zählte dazu noch einige mir bisher nicht bekannte DDR-Gegenden auf. „Warum nicht in die Alpen, Venedig, Tirol..." Die weitere genaue Reihenfolge kann man dem obigen Text entnehmen. Jetzt hatte er mich erwischt. „Sie wollen mich verarschen", erhob mein Gegenüber seine Stimme unfreundlich. Ich schaltete auf stur, das heißt, ich zog mich in meine Gedankenwelt zurück und ließ die augenblickliche Wirklichkeit einfach außen vor.

Diese Art der Gegenwehr hatte ich inzwischen fast zur Perfektion entwickelt und war somit unangreifbar. Und das dachte ich: Eigentlich muss ich die weißen Nächte von Leningrad, das goldene Nowgorod, die Georgische Heerstraße, das historische Samarkand, den Baikalsee und viele andere Kunst- und historische Stätten kennen lernen. Der Dunst von Abenteuer, der diese Welt umgab, reizte mich gewaltig.

Und obwohl ich heute meine südlichen Traumziele von damals fast alle kenne, bleibt die Sehnsucht nach den Ostwundern. Wieso also fühlte sich der Stasi-Mann von mir verarscht? Ich hatte letztlich doch die Wahrheit gesagt. Er aber auch!

Dübener Heide (1976)
Mark Naundorf bei Rotta (Sachsen-Anhalt)

Unter Heide hatten wir uns eigentlich eine Bilderbuchlandschaft wie die um Lüneburg in Niedersachsen vorgestellt. War aber nicht so. Es handelte sich hier um ein ausgedehntes Waldgebiet mit schönen Wanderwegen. Der Campingplatz lag an einem See inmitten dieser Waldlandschaft, umgeben von einer Vielzahl romantischer Teiche.

Hier trafen wir auf eine eingefleischte Campergemeinde, die uns herzlich aufnahm und vieles beibrachte, was man als Campingneuling unbedingt wissen musste.

Meinem Kumpel und seiner Familie hatte ihr erster Campingurlaub

Königsee mit Campingplatz

in Waren derart gut gefallen, dass in diesem Jahr wieder alle dabei sein wollten. Wie wir auf die Idee kamen, den Urlaub auf einem Platz in der Dübener Heide zu planen, bleibt im Dunklen der Geschichte. Man wusste nur, dass die Gegend im Dreieck Bitterfeld, Dessau, Lutherstadt-Wittenberg liegt. Welcher normale Mensch macht im Bitterfelder Land Urlaub?

Unser Plan war, wegen der zu transportierenden Gasflaschen mit zwei Motorrädern zu fahren, während Frauen und Kinder per Zug auf dem der Heide nächstgelegenen Bahnhof anreisen sollten. Zu diesem Zwecke päppelte mein Freund Rainer, genannt Raini, seine alte Militärmaschine wieder auf und überließ mir für die Zeit des Urlaubs seine neue 250er MZ. Die rechtzeitig abgeschickten Zeltkisten sollten per Gütertaxi vom Bahnhof abgeholt und zum Campingplatz transportiert werden. Danach wollten wir Männer die inzwischen eingetroffenen Familien per Taxitransfer vom Zug abholen. Perfekt geplant und getimt, begann die große Fahrt. Zuerst ging auch alles gut, bis wenige Kilometer vor dem Ziel Raini einfach verschwunden war. Ich wartete auf dem nächsten Autobahnparkplatz in der Hoffnung, dass er jeden Moment vorbei kommen würde. Allmählich begann ich, mir Sorgen zu machen, der Kerl wollte und wollte nicht auftauchen. Die Sorgen schienen sich auch zwei unauffällig in einem Pkw rastende Herren zu machen. Nach etwa einer Stunde sprach mich einer der beiden an, ob ich eventuell Hilfe brauchen könnte. Verdammt, ich hatte doch glatt übersehen, dass ich mich auf einem Rastplatz an der Autobahn München – Berlin befand. Der freundliche Herr bedeutete mir nach kurzer Anhörung, mich ein bisschen plötzlich von hier zu entfernen. Da ich längst die Hoffnung verloren hatte, meinen Kumpel hier zu treffen, kam ich der freundlichen Bitte widerspruchslos nach. Vielleicht war Raini inzwischen auch über Landstraßen am Bahnhof in W. angekommen.

Als ich dort eintraf, war er nicht da, aber das bestellte Gütertaxi. Auf dem Güterbahnhof konnte ich alle unsere Kisten in Empfang nehmen, schnell verladen und zum Campingplatz transportieren. Obwohl der Fahrer Einheimischer war, kannte er das angepeilte Ziel nicht. Wir verfuhren uns nach allen Regeln der Kunst, um schließlich doch anzukommen. Auf dem Platz die nächste Überraschung. Das Taxi durfte das Gelände nicht befahren. „Waldbrandwarnstufe" hieß die sture Begründung. Auf meine Frage, wie ich die riesigen Kisten mit den sperrigen Zeltutensilien über den Campingplatz bewegen sollte, gab es nur ein lakonisches Achselzucken des Platzwarts. Da es mein Taxifahrer inzwischen wegen der Umwegfahrerei eilig hatte, entlud er sein Gefährt auf dem Waldweg vor dem Camp, kassierte und verabschiedete sich freundlich.

Nun saß ich da. Die Sippen müssten inzwischen in W. angekommen sein, sie warteten bestimmt auf ihre Abholer. Welch ein Glück, dass sich ein paar Camper aufmachten, um mich aus meiner Misere zu befreien. Kurzerhand packten sie an und schleppten mein Gepäck hinter den Zaun des Platzes. Ich erklärte den freundlichen Helfern meine Situation und machte mich auf in Richtung Bahnhof. Alle waren da, nur einer nicht: Raini. Ich organisierte schnell den Transport meiner Camperfamilien und bugsierte die Fuhre wegweisend zum Zeltplatz.

Dort begannen wir unverzüglich mit dem Auspacken der Kisten und dem Zeltaufbau. Das heißt, ich wollte mit Letzterem beginnen, aber die ganze Aufregung haute mich einfach um, ich wurde ohnmächtig. Wieder bei Sinnen, verordnete mir ein netter Mensch lauwarmes Bier in kleinen Schlucken. Das half. In kurzer Zeit wieder fit, begann ich mit dem Zeltaufbau. „Lass mal, Junge, sag wie es geht, wir machen das schon." Die warme Stimme des freundlichen Hallensers habe ich noch heute in angenehmer Erinnerung. Da es inzwischen Abend geworden war, improvisierten wir eine Notunterkunft für alle in nur einem der beiden Steilwandzelte. Alle, das hieß: Rainis Familie, bestehend aus Frau und vier mitgereisten Kindern, und wir drei Personen. Es mussten Schlafplätze für acht Menschen geschaffen werden. Ob und wie lange wir hier zu verweilen gedachten, hing vom weiteren Gang der Dinge um Raini ab. Für das Abendessen sorgten besorgte Nachbarn. Seltsamerweise sprach niemand über das uns alle bedrückende Verschwinden unseres Freundes und Familienvaters. „Was gibt's denn zu essen?", brüllte eine alle erlösende, unverschämte Stimme aus dem Wald. Raini kam, die Gasflasche in der Hand, über den Platz geschlendert, von Frau und Kindern fast zu Tode geherzt. Wie wir und die Anteil nehmenden Nachbarn später erfuhren, hatte Rainis alte Maschine auf der Autobahn plötzlich eine Motorpanne. Es gelang ihm noch, bis in eine Werkstatt in W. zu zuckeln, und dort steht die Karre jetzt, auf Ersatzteile wartend, das könne dauern. Und wer das Wörtchen „dauern" nach damaligem Sprachgebrauch zu deuten weiß, der ahnte, dass es sich um eine unbestimmt lange Zeit handeln musste. Jedenfalls länger, als uns Urlaubstage zur Verfügung standen. So gesehen, hätte es jetzt ein nicht sonderlich angenehmer Campingaufenthalt werden müssen. Das Gegenteil war der Fall. Niemals vorher und niemals später haben wir ein derartig erhabenes Gemeinschaftsgefühl erlebt wie in den Tagen der Dübener Heide. Die Zelt- und Caravannachbarn outeten sich als Einheimische aus Halle, die zwar nicht Dauercamper genannt werden wollten, aber doch als solche bezeichnet werden konnten. Sie verbrachten hier in der Heide nicht nur ihren Urlaub, sondern auch den größten Teil ihrer Wochenenden. Beruflich waren in der kleinen Gemeinschaft so gut wie alle Schichten vertreten, vom Fabrikarbeiter über den selbstständigen Handwerker, den Betriebsleiter, bis zum Universitätsprofessor. Ähnlich verhielt es sich bei den weiblichen Angehörigen, die zudem noch den Job der Hausfrauen und erziehenden Mütter auszuüben hatten. Wir erkannten sehr bald, dass die hier zusammengefundene Gemeinschaft neben ihrem Campinghobby auch politisch auf gleicher Flamme brannte.

Nicht, dass man sich als Regimegegner oder Dissidententruppe verstand, nein, zufällig hatte es sich ergeben, dass alle ähnliche Erfahrungen mit der real existierenden Gegenwart gemacht hatten und somit gleichgesinnt die aktuelle Lage zu diskutieren pflegten. Wie ganz anders begegneten mir später auf meinen Reisen in die westliche Hemisphäre Menschen, die ängstlich ihre politischen Ansichten zu verbergen suchten, obwohl gerade sie die Freiheit der Meinungsäußerung genießen und leben durften. Für die Leute hier aus dem Chemiepott war es gefährlich, sich Fremden gegenüber zu öffnen. Sie taten es trotzdem und wir dankten es ihnen herzlich.

Heideteich

Da mein Kumpel wie selbstverständlich sein Anrecht auf sein unbeschädigtes Motorrad wahrnahm, blieb die Bewegungsfreiheit meiner Familie arg eingeschränkt. Das bemerkten auch unsere Rentnernachbarn und „adoptierten" uns als junge Familie für die Zeit der Urlaubstage. Sie fuhren uns mit ihrem Saporoshez, einem russischen Kleinwagen, durch die oft unwirkliche Landschaft der Chemieregion und die phantastisch schöne Heidelandschaft.

Unsere Adoptiveltern hausten in einem winzigen eiförmigen Wohnwägelchen, Typ Weferlinger LC-9, das trotz seiner Kleinheit so viel Gemütlichkeit ausstrahlte, dass wir uns spontan entschlossen, einen als Qek Junior bekannten DDR-Caravan zu bestellen. Der die Anmeldung registrierende IFA-Angestellte fragte ironisch, ob denn unser Sohn noch jung genug sei, um in ferner Zukunft in den Besitz des von uns bestellten Reisegefährts gelangen zu können. Dass wir damals noch nicht einmal ein Auto hatten und auch wenig Aussicht auf baldige Auslieferung unserer alten Trabantbestellung, störte unsere Zukunftsplanung wenig. Kam der Caravan früher als das Zugfahrzeug, ließ er sich wenigstens gewinnbringend weiterverkaufen.

Unsere neuen Freunde chauffierten uns fast täglich durch die Gegend und zeigten uns Bitterfeld, Wolfen, Gräfenhainichen und Halle. Dabei

Romantische Fleckchen

schwärmten sie von ihrer Heimat, als gäbe es keine Chemie, keinen Gestank und keine Luftverschmutzung. Ähnlich schleppten uns später Verwandte durch den Ruhrpott und schwärmten fast wortgleich vom ihrer dortigen Heimat.

Unter unseren neuen Bekannten befand sich auch Hannes, ein passionierter Angler und Freizeitschnorchler. Der Mann war den ganzen Tag unterwegs mit Angelzeug, Taucherbrille und Schwimmflossen. Abends saß er meist schweigend mit in der Runde und fiel fast gar nicht auf. Nur die Kinder hatten einen uns unverständlichen Narren am ihm gefressen. Sie zogen in seinem Kielwasser durch die Gegend und hingen an seinen Lippen, wenn er ihnen entgegen seiner sonstigen Gesprächsbereitschaft Geschichten erzählte. Wie wir vorsichtig lauschend mitbekamen, handelte es sich um Sagen und Legenden um die Dübener Heide. Warum heißt unser Campingsee „Königsee"? Es folgte eine Geschichte über einen einst in uralten Zeiten hier einmal gebadet haben sollenden Gotenkönig, der dabei seine Krone verloren haben soll.

In unregelmäßigen Abständen würden hier immer wieder einmal Schatzsucher auftauchen und auf mehr oder weniger wissenschaftlichen

Forschungsergebnissen den Wahrheitsgehalt zu ertauchen versuchen. Und auch für den seltsamen Namen „Schinkensee", ein Gewässer ganz in der Nähe, hatte Hannes eine Erklärung: Während der vielen Kriege, die die Gegend hier in Mitteldeutschland heimgesucht hatten, zogen die marodierenden Truppen regelmäßig durch die Dörfer der Dübener Heide. Da die Menschen selbst sehr arm waren, suchten sie wenigstens das bisschen, was sie besaßen, vor den ständigen Plünderungen in Sicherheit zu bringen. Pfiffig kamen sie auf die Idee, ihre Lebensmittel im Wasser des Sees an langen Stricken zu versenken und die Stellen am Ufer mit Geheimzeichen zu markieren. So retteten sie in Notzeiten wenigstens ihre mühselig erworbenen Nahrungsmittel.

Irgendwie kam den Kindern der Verdacht, dass Hannes die Angelei nur vorgab, brachte er doch nie einen Fisch mit ins Camp. Kindliche Phantasie malte sich aus, dass ihr Freund ein heimlicher Schatztaucher war. Das bekräftigte er auch noch, als er ihnen die Geschichte vom Goldbarsch auftischte, der hier in einem der Seen den Gotenschatz des Königs aus dem Badesee bewachen sollte. Warum Hannes völlig nervös auf die Sensationsmeldung der Kinder reagierte, dass sie beim Spielen eine rätselhafte Riesenkiste in einem See entdeckt hätten, konnten wir auch später nicht verstehen. Jedenfalls bekamen wir den Mann in nächster Zeit kaum noch zu Gesicht, wenn, dann in geistesabwesender Hektik, die er mit seinem Freund, dem Sohn des Platzwartes, teilte. Unsere Kinder waren auch seltsam beschäftigt, machten aber einen auffälligen Bogen um Hannes. Es war mitten in der Nacht, als zwei randalierende Kerle in unsere Platzecke getürmt kamen: Hanns und sein Platzwartsohn-Freund. Sie knallen uns eine unserer riesigen Zelt-Transportkisten vor den Eingang und tobten, dass sie sich von uns nicht verscheißern ließen und wir schon sehen würden, was wir davon hätten. Wir waren noch nicht wach genug, um zu begreifen, was eigentlich los war. Die Camperfamilie kroch erwachend aus den Schlafsäcken und versammelte sich vor der Rezeption.

Und das war des Rätsels Lösung: Unsere Kinder wollten ihrem Lieblingserzähler einen Streich spielen. Zu diesem Zwecke klauten sie Vater Raini die große Zeltkiste, füllten sie mit Steinen und versenkten sie in einem der vielen Seen. Dorthin lockten sie ihren Hannes, der ihnen auch

Badestrand am Königsee

prompt auf den Leim ging. Was sie nicht wussten und so das nächtliche Theater auslösten, war, dass Hannes sich tatsächlich seit einigen Jahren auf der Suche nach einem vermeintlichen Nazischatz befand, den andere in bayerischen und österreichischen Seen oder in thüringischen unterirdischen Gelassen vermuteten. Jedenfalls verließ uns Hannes am nächsten Tag voller Groll. Der Sohn des Platzwartes zog mit einigen anderen Kumpanen Abend für Abend durch die Zelte und wurde nicht müde, uns an die strikte Einhaltung der Ruhezeiten zu erinnern und mit Platzverweisen zu drohen. Unsere Dauercamperfreunde nahmen es gelassen und brachten den Jungen schnell mit der Bemerkung zur Ruhe, den Campingplatz künftig zu meiden und wiesen höflich darauf hin, dass sie jemanden kennen, der jemanden kennt… Wenn sie mit ihm redeten, würde das bestimmt nicht gut sein für den Job seines Vaters.

Die aus dem See gefischte Kiste war hin. Das Sperrholz hatte sich verzogen und teilweise aufgelöst und das Aufbrechen der Schlösser durch die Schatzsucher hatte sein Übriges getan. Jetzt stand Raini vor einem echten Problem: Wohin mit den Campingutensilien auf der Heimfahrt? Ich will ehrlich sein, ein bisschen unartige Häme im Gedenken an das vorenthaltene Motorrad konnte ich nicht unterdrücken. Unserer Freundschaft tat das auch in der Folgezeit keinen Abbruch. Zusammen in den Urlaub fahren, war aber auch nicht mehr unser Ding.

Nach für unsere Begriffe schier endloser Wartezeit erhielten wir entgegen selbst kühnster Erwartungen kurz vor Urlaubsbeginn 1978 die Nachricht, dass unser neues Auto zum Abholen bereit stünde. Zwar war es nicht der bestellte Trabi, aber wenn es uns genehm wäre, könnten wir sofort einen Lada bekommen. Und wie wir konnten!

Nach dem Rausch der Erstbegegnung war es beschlossene Sache: Die erste größere Reise sollte in die Stadt gehen, in der ich meine Kindheit verlebt hatte. Endlich konnte ich meiner Familie die für mich so bedeutsamen Erinnerungsstätten zeigen, ob sie es nun wollte oder nicht. Zumindest war für Frau und Sohn der bevorstehende Campingurlaub mit eigenem Auto interessant genug, sich mit dem von mir vorgeschlagenen Reiseziel einverstanden zu erklären. Endlich kein Kistenpacken und -versenden mehr, der ganze Campingkram passte in das Auto und ab ging die Fahrt nach

Frankfurt/Oder (1978)
am Helenesee

Der glasklare, aber immer etwas kühle See begeisterte Badegäste und Taucher gleichermaßen. Das Gebiet um den ehemaligen Tagebau wurde zum Naherholungszentrum ausgebaut.

In positiver Erinnerung blieben der feine Sandstrand, das saubere Wasser und die Nähe zur Stadt mit Ausflugsmöglichkeiten nach Polen. Weniger freundlich sind die Erinnerungen an die Dauercamper, die die besten Fleckchen für sich reserviert hatten und unangenehm wurden, wenn sich einfache Camptouristen in die Nähe ihrer heiligen Areale wagten. Die Rezeption entsprach damals noch nicht einmal dem niedrigsten DDR-Standard. Das galt auch für die Freundlichkeit des Personals.

In meiner Kindheit gab es den See noch nicht, damals ratterten hier die Bagger des Tagebaus. Die Kiesberge in der Nähe waren aber einst ein beliebtes Spielrevier, besonders im Winter zur Rodelzeit.

Und da krochen sie langsam wieder heran, die längst vergessen gedachten Erinnerungen an den Pioniernachmittag mit dem neuen Rus-

Weiter Sandstrand am glasklaren Wasser

sischlehrer, der unbedingt unsere Spielplätze kennen lernen wollte. Also zeigten wir ihm unser Rodelparadies. Der Lehrer war irgendwie keiner wie die anderen seiner Zunft. Er sprach mit starkem Akzent, mimte stets den Freundlichen, schleimte sich bei allen Eltern ein und ließ in der Klasse den gestrengen Pädagogen raus, vor dem wir damaligen Sechstklässler nicht Respekt, sondern Angst hatten. Trotzdem zeigten wir ihm unser Rodelparadies. Wir brachten unsere Schlitten mit, er seinen riesigen schwarzen Schäferhund.

Trotz anfänglicher Hemmnisse verlief der Tag recht fröhlich und ausgelassen, bis der Hund beim Herumtollen vermutlich in eine Glasscherbe trat und mit leicht blutender Pfote sein Herrchen anwinselte. Bedauernd scharten wir Kinder uns um das Tier und seinen jetzt völlig ausflippenden Besitzer, unseren Lehrer. Der fluchte auf Russisch, was wir auf Grund des steten Umgangs mit den damaligen Besatzern ausgezeichnet verstanden, und so mitbekamen, dass er uns mit menschenverachtenden Ausdrücken titulierte. Er umwickelte die Pfote des Hundes mit einem riesigen Taschentuch, herzte und küsste das Tierchen, vergoss mindestens eine dicke Träne und ließ uns alle in einer wie im Sportunterricht ausgerichteten Reihe antreten. Danach schritt er die Kompanie mit wütendem Gesicht ab, hielt eine Rede, an deren Inhalt ich mich nicht mehr erinnern kann, und knallte jedem eine schallende Ohrfeige ins Gesicht, dass uns Hören und Sehen verging. Warum wir still gehalten hatten und nicht einfach getürmt waren, ist mir bis heute nicht erklärlich. Heulend zogen wir von dannen. Der Schläger trug seinen Köter ein Stück des Wegs, bis der nicht mehr wollte und einfach davonlief. Nun war auch in der DDR das Prügeln von Kindern durch die Lehrer strengstens untersagt, doch unser Russe durfte es wohl. Er war am nächsten Tag wieder da, als sei nichts geschehen.

Wenige Monate später, es war der 5. oder 6. Mai des Jahres 1953, kam unser inzwischen zutiefst verhasster Russischlehrer in die Klasse und verkündete, es sei Schreckliches geschehen, Väterchen Josef Stalin sei verstorben. Wir sollten des großen Staatsmannes, Philosophen und was weiß ich nicht noch alles, gedenken. „Händchen falten, Köpfchen senken, fünf Minuten an Stalin denken!", lautete der Befehl, den wir getreu befolgten. Fünf Minuten ist für ein Kind eine unendlich lange Zeit, also lugte ich vorsichtig nach rechts und links und sah, wie unser Klassenhäuptling mit dümmlichem Gesicht auf seine Federtasche glotzte. Das sah dermaßen blöd aus, dass ich das Lachen nicht unterdrücken konnte. Oh je, das hätte mir nicht passieren dürfen. Der Hagel von Schlägen eines fanatisch dreindreschenden Lehrers ließ mich bereits in der ersten Runde k.o. gehen. Es sollte verständlich sein, dass nach diesem Erlebnis für den damals knapp zwölfjährigen Knaben das Erlernen der russischen Sprache für alle Zeiten ein mühseliges Unterfangen war.

Der sich Russischlehrer nennende Schlägertyp tauchte nach diesem Vorfall nicht wieder in unserer Schule auf, war es aus Gründen des Ablebens seines geliebten Väterchens Stalin oder hatte der Protest meiner, nach Kenntnisnahme des Ereignisses völlig durchdrehenden Mutter, Wirkung erzielt. Ich konnte es nie erfahren. Die Kiesberge habe ich übrigens nach dem ersteren Prügelereignis aus dem Kreis meiner favorisierten Spielplätze gestrichen.

Erst jetzt, bei meinem Campingbesuch in der völlig veränderten Landschaft kamen Bilder der Erinnerung auf, die ich längst verdrängt hatte. So war es auch, als ich Stätten aufsuchte, die für mein späteres Camper-

Romantik am Helenesee

leben ursächlich verantwortlich zu machen sind.

Da war der Schwänchenteich, von dem ich bei meinem jetzigen Besuch nur noch einen zugewucherten Tümpel vorfand. Damals war er noch ein kleines Badeparadies, an dem sich sonntags die Familien ihrem Ausflugs- und Badebedürfnis hingaben. Wochentags war das Areal ausschließlich dem Abenteuerdrang von uns Kindern ausgeliefert. Hier konnten wir unbeobachtet spielen und toben, oder aber selbst beobachten und uns amüsieren. Aber der Reihe nach. Zwischen zwei Bäumen spannten wir eine zu Hause entwendete Wäscheleine. An ihr befestigten wir mit Holzwäscheklammern zwei alte Decken. Deren ausgestellte Seitenteile beschwerten wir mit Steinen, sodass ein kleines Hauszelt entstand. Die noch einsehbaren Stirnseiten verkleideten wir mit irgendwelchen Stoffresten, die wir mit Sicherheitsnadeln befestigten. Fertig war die Campingunterkunft, die das allen Kindern so wohlige Gefühl aus der urgemeinschaftlichen Höhlenepoche oder der Geborgenheit vorgeburtlicher Zeit zu vermitteln vermag. Jedenfalls lagerten wir mit elterlicher Erlaubnis bis in die späten Abendstunden auf den Spuren des von uns unendlich verehrten indianischen Kriegshäuptlings Tokei-ihto aus Liselotte Welskopf-Henrichs Romanzyklus „Die Söhne der Großen Bärin". Im westlichen Deutschland Geborene hätten sich in unserer Situation vermutlich mit Karl Mays Winnetou identifiziert, den wir damals leider nicht zu lesen bekamen.

Unserem Zeltplatz gegenüber befand sich das Gebäude der sowjetischen Kommandantur, in deren abendlich beleuchtete Fenster wir freien Einblick hatten, besonders in die Räume der unteren Etage, die als Arrestzellen genutzt wurden. Ein uraltes Opernglas machte es möglich, dem Geschehen in den Zellen aus nächster Nähe beizuwohnen. Obwohl wir aus langjährigen Erfahrungen im Umgang mit Russen wenig Sympathie für die Besatzer empfanden, brachte doch das jetzt beobachtete Geschehen unsere kindlichen Herzen in arge Bedrängnis. Ein Militär-Lkw karrte eine Ladung russischer Soldaten heran, die aus irgendwelchen Gründen in der Stadt von der Militärpolizei aufgegabelt worden waren. Ohne jegliches menschliche Gefühl wurden die wimmernden jungen Männer vom Wagen gezerrt, ins Gebäude geschleift und in den von uns beobachteten Arrestzellen wieder sichtbar. Dort warf man sie brutal auf den Fußboden und prügelte mit Gewehrkolben auf sie ein, bis sich niemand mehr rührte. So also behandelten unsere sowjetischen Freunde ihre sowjetischen Genossen, wenn sie etwas angestellt hatten, was den Vorgesetzten nicht in den Kram passte. Mit den Schreien der Gepeinigten in den Ohren war uns die Lust am Camping vergangen. Schweigend bauten wir unsere Wohlfühlvilla wieder ab und trotteten nach Hause. Schadenfreude über geprügelte Russen wollte nicht aufkommen. War es nicht ein russischer Offizier, der mich als kleiner Knirps auf dem Wege zum Kindergarten abfing und eine nagelneue Brottasche schenkte? Die alte aus einer selbst gebastelten und mit Stoff bezogenen Zigarrenkiste musste den Mann in Uniform seit langem gestört haben, begegneten wir uns doch täglich an der gleichen Stelle. Er wartete bereits auf mich, ich drückte mich ängstlich unter den Bäumen hinweg an ihm vorbei. Dieser Russe hatte mir nur Gutes getan.

    Oder wie war das mit dem asiatisch aussehenden Wachsoldaten vor der Stärke-Zuckerfabrik auf der gegenüberliegenden Straßenseite in der Nähe unseres Hauses? Er hatte stets ein Lächeln für uns übrig. Eines Tages brachte er dick mit Butter bestrichenes Kommisbrot mit und fütterte uns wie der Spatz seine Jungen. Danach ließ er uns sogar noch mit seinem Gewehr hantieren, was ich aber ablehnte, aus Furcht, die vor der Fabrik verkehrende Lokomotive versehentlich zu erschießen. Meine Spielkameraden hatten diese Skrupel nicht und drückten gnadenlos ab. Es geschah nichts, die Knarre war nicht geladen. Die Folgen des fetten Butterbrots waren aber nicht so harmlos wie unsere Schießübungen. Den fetten Aufstrich nicht gewöhnt, ereilte uns ein grässlicher Durchfall, der uns einige Tage außer Gefecht setzte.

Aber zum Schmieden von Racheplänen blieb ausreichend Zeit. Wir wussten, dass im Keller der Fabrik von sowjetischen Soldaten bewachte Kartoffelzuckerplatten gelagert wurden. Hin und wieder ließ sich einer der Soldaten am ebenerdig liegenden Fenster blicken und wollte Zuckerplatten gegen Wodka tauschen. Die Zuckerplatten hätten wir gern gehabt, aber woher Wodka nehmen? Die Eltern erklärten uns für verrückt, wenn wir fragten, ob sie uns Wodka beschaffen könnten. Von ihnen erfuhren wir aber wenigstens, dass Wodka ein farbloser Kartoffelschnaps sei, der wie Wasser aussähe. Nach dem Butterdurchfall planten wir Gemeines. Wir besorgten uns leere Flaschen, füllten sie mit Wasser und versiegelten sie. Als unser freundlicher Wachsoldat wieder einmal mit Kellerwache dran war, konnte der Coup starten. Wir schlichen um das Fenster herum und bettelten um Kartoffelzucker. Prompt kam das Angebot: Bringt Wodka, dann gibt es Zucker. Das war es: Die Wodkaflaschen tauchten auf, gierige Russenaugen stürzten an das Fenster und das Geschäft nahm seinen Lauf. Handgriff um Handgriff wurden Flaschen und Zuckerplatten durch die Fenstergitter geschoben, ein Ruck und jeder hatte das Seine. Nun mussten wir nur noch warten, bis im Keller das Wutgeheul ausbrach, und wir uns als clevere Sieger fühlen konnten. Jetzt, nach dem Erlebnis mit den geprügelten Soldaten, kamen mir Skrupel, ob unser asiatischer Wachsoldat von damals mit dem Butterbrot vielleicht nur Gutes tun wollte und unsere Rache ungerecht war.

Was soll's, mein erster Camperversuch war aus Gründen, die absolut nichts mit dem Metier zu tun hatten, zumindest erinnerungsmoralisch gescheitert.

Der zweite Versuch ließ trotzdem nicht lange auf sich warten. Im letzen Band der „Söhne der Großen Bärin" führt Tokei-ihto die Bärenbande aus der Reservation nach Kanada. Meine Kumpels und ich beschlossen, die heimatlichen Hinterhöfe und den Schwänchenteich zu verlassen und an der Grenze nach Kanada-Polen diesseits der Oder unser Camp aufzuschlagen. Die elterlichen Bedenken, uns Knaben eine Nacht ins Abenteuer zu entlassen, konnten durch allerlei Versprechen und Fehlinformationen bezüglich unseres Reiseziels mühselig überwunden werden. Wir versorgten uns mit Kochgeschirr und Beutelsuppe, Streichhölzern, sonstigen Utensilien und machten uns auf die Reise.

Per Straßenbahn-Pferd erreichten wir den Oderwald, drangen mutig in ihn ein, indem wir die als Mücken verkleideten feindlichen Stämme und weißen Soldaten tapfer in die Flucht schlugen. Ein Lagerplatz nahe des Oderflusses ward gefunden und der erprobte Deckenzeltaufbau bald beendet. Für die Jagd mussten noch Pfeil und Bogen hergestellt werden, was einige Zeit in Anspruch nahm. Geübt hatten wir das Jagen mit diesen Utensilien auf unserem Hinterhof. Nachbars stolzer Hahn musste dabei seinen Schwanzfederschmuck opfern, der jetzt unsere Haarschopfe zierte. Sonst kann ich mich an keine besonderen Schäden erinnern, die wir mit unseren Schießübungen angerichtet hatten, außer einigen kaputten Fensterscheiben, Lenas Puppe, die seitdem ein Loch im Kopf hat, Frau Meierles Bettlaken, das sie uns trotz der Beschädigung nicht für ein neues Zelt überlassen wollte, und die Aushängescheibe vor dem Friseurgeschäft, die wir mit einer etwas größeren Beule verzierten, und einigen anderen unbedeutenden Spuren unserer Übungen. Jetzt, während des Ernstfalls, ließ sich einiges Vogelgetier blicken, das Jagdglück war uns aber nicht hold. Also hieß es, Tütensuppe anrichten. Es dauerte bis in die tiefste Dunkelheit, bis endlich ein Feuerchen entfacht war. Der Rauch quälte uns erbärmlich, hielt aber wenigstens die wilden Tiere und Mückenkrieger ab. Das Süppchen brodelte und wurde heißhungrig erwartet. Hat jemand einen Löffel mitgebracht? Wie isst man Suppe ohne Löffel? Hollis Brille machte es möglich. Hungrig und müde verkrochen wir uns im Tipi. Aber schlafen war nicht. Die ungewohnten Geräusche der Nacht, der harte Boden, den wir mit Zweigen gepolstert hatten und die langsam hereinkriechende nasse Kälte ließen in jedem von uns den unausgesprochenen Wunsch aufkommen, das Abenteuer abzubrechen.

Irgendwann ließ einer das Ungesagte doch heraus und stieß auf formalen Protest, der letztlich im indianischen Palaver-Beschluss mündete, schnellstens wieder nach Haus zu reiten. Dafür entfachten wir nach endlosen Versuchen ein neues Feuer, um wenigstens etwas Licht für den Zeltabbau zu bekommen. Vielleicht war das unser Glück, denn das Feuer wurde auch von Grenzern gesehen, die sich auf ihrer nächtlichen Patrouille befanden. Sie rieben unsere kleine indianische Einheit auf und führten uns wie auf Eiern balancierend aus dem Gelände. Den Hintern versohlten uns die Eltern, die Grenzer durften das nicht. Sie waren viel-

Das Inselchen im Großen Müllroser See

mehr froh, dass sie uns aus dem damals noch von Weltkriegsminen verseuchten Grenzgebiet ohne Schaden herausgebracht hatten. Woher sollten wir von der Gefahr wissen? Indianer lesen doch keine Warnschilder, die der weiße Mann aufgestellt hat.

Und so endete mein zweiter Camperversuch. Diesmal waren die Gründe naturbedingt und einer überlegenen gegnerischen Macht geschuldet. Zumindest durften wir ob elterlicher Autorität keine weiteren Campversuche mehr unternehmen. Aber wie das nun einmal ist mit Verboten: Je energischer ausgesprochen, umso energischer gebrochen.

Und so dauerte es nicht lange und das nächste Abenteuer bahnte sich an. Er war die Piratenphase meines jungen Daseins. Unweit Frankfurts liegt die Gemeinde Müllrose, die wegen ihres Sees mit kleiner Insel von den Städtern zum Ausflugsparadies erkoren worden war. Im Sommer war es für uns Kinder immer ein Höhepunkt, wenn es hieß: Wir fahren nach Müllrose. Besonders angetan waren wir von den auszuleihenden Ruderbooten, mit denen man die Schatzinsel im See erreichen konnte, wenn man durfte. Wir durften und ruderten eiligst zum geheimnisvollen Eiland. Ein wenig enttäuscht waren wir schon: Die Insel war unbewohnt, von

Besucherhinterlassenschaften verschmutzt und längst erforscht. Trotzdem gedachten wir, auf Schatzsuche zu gehen. Aber zuerst musste ein Basislager her, wie es in den Piratenromanen beschrieben war. Wegen der wenigen zur Verfügung stehenden Zeit musste ein kleines Zelt aus Zweigen und Ästen ausreichen. Mit Fleiß und Mühe gingen wir an die Errichtung des Piratencamps. Dabei verfloss die Zeit, es begann zu dunkeln und wir mussten die Arbeiten abbrechen. Nächstes Wochenende sollte es weitergehen. Zurück zum Boot, doch das war weg! Jetzt hieß es, Angst haben. Tapfer schrieen wir um Hilfe, niemand wollte uns hören, obwohl auf dem See eine Anzahl Boote unterwegs war. Die Besatzungen konnten wegen des Krachs, den sie veranstalteten, unser Geschrei nicht hören. Als unsere Stimmen heiser wurden, hörten wir von den Booten her unsere Namen rufen. Die suchten nach uns! Da sie sich allmählich weiter entfernten und wir nur noch piepsen konnten, zogen wir uns in das halbfertige Camp zurück, heulten ein bisschen, weil wir dachten, nun Hungers sterben zu müssen, und schworen, dass wir im Falle einer Rettung dem Piratenleben entsagen würden. Die Rettung kam dann auch endlich.

Bis heute ist es mir unverständlich, warum man die vermissten Kinder damals nicht zuerst auf der Insel gesucht hatte. Doch dazu fällt mir keine mystische Legende ein. Man hatte einfach das abgetriebene Boot verfolgt, das die Strömung oder der Wind in eine der Insel abgewandten Richtung getrieben hatte. Wenn dieses Abenteuer auch kein richtiges Camping gewesen war, reihe ich es dennoch unter diese Rubrik ein, hatte es doch zur Erweiterung des Erfahrungsschatzes für mein zukünftiges Hobby beigetragen. Auch dieser Versuch endete wie die beiden anderen in einem Fiasko, aber mit für uns glücklichem Ausgang.

Und nun war ich leibhaftig wieder hier in der Gegend meiner Ahnen, an einem See, den es damals noch nicht gegeben hatte. Was für spannende Abenteuer hätten wir an einem Helenesee erleben können?

Die Zeit des Frankfurt-Urlaubs verging mit jeder Menge Ausflügen an alte und neue Stätten der Erinnerung.

In der letzten Nacht vor der Abreise tobte ein mächtiges Gewitter, das den halben Campingplatz und den ganzen Parkplatz unter Wasser setzte. In den frühen Morgenstunden röhrten die abgesoffenen Motoren der geparkten Autos. Und nur mühsam bekamen ihre Besitzer die Gefährte wieder flott. Bei manchem half nur noch der Abschleppdienst. Wir wollten abreisen, was, wenn unser neuer Lada ebenfalls Sperenzchen machte? Doch der sprang an, als wäre nichts gewesen. Was mich zu der Bemerkung verleitete: „So ein echtes Russenauto ist nicht kleinzukriegen."

Ausgerechnet dieser Satz hatte meinen Sohn derart beeindruckt, dass er ihn, wieder zu Hause, in dem üblichen Klassenaufsatz über das schönste Ferienerlebnis seiner Lehrerin präsentierte. Diese Lächerlichkeit nahm die Dame zum Anlass, in einem Statement der Stasi mitzuteilen, dass ich meinen Sohn mit abfälligen Bemerkungen über das sowjetische Brudervolk zum Klassenfeind erziehen würde, wobei sie sich auf das Wortteil „Russe" bezog. Wenn die Folgen in ihrer Gesamtheit für mich nicht brutal geworden wären, hätte ich über diesen Witz herzhaft gelacht.

Die Lehre hieraus konnte ich leider erst viele Jahre später ziehen, denn damals hatten wir die Gefährlichkeit der „Firma" noch dummerweise maßlos unterschätzt.

Dobbrikow (1979)
bei Beelitz im Nuhte-Urstromtal (Brandenburg)

Wenige Kilometer waren es noch von der Autobahnabfahrt Beelitz zum Campingplatz. Hier konnte man nach Herzenslust im sauberen Glienicksee baden, an einem der sechs oder sieben schön gelegenen Seen mit ihren Sandstränden faulenzen oder in unberührter Naturlandschaft wandern. Einzig störend waren die Einschränkungen durch militärische Sperrzonen des Russenrings um Berlin.

Unvergesslich bleiben die Sammelausflüge in die Wälder der Umgebung, die uns reiche Ernten an Pilzen und Beerenfrüchten einbrachten. Wir futterten Himbeeren, bis sie uns über wurden. Noch nie hatten wir so überreichlich viele dieser roten Früchte gesehen wie hier an den Wegrändern um den Glienicksee und seiner Kumpane. Beim weiteren Vordringen in die Wälder bot sich uns eine unübersehbare Menge an Pilzen, deren Essbarkeit wir zufällig auch ohne Pilzbuch kannten. Täglich schleppten wir gefüllte Pilzkörbe ins Camp. Wir konnten sogar in großzügiger Weise anderen interessierten Campern die Sammelplätze verraten, ohne selbst in Sammlerschwierigkeiten zu geraten.

Erst Pilze säubern, ...

Bei einem jungen Pärchen guckten wir uns ab, wie man zwecks Konservierung die Pilze auf lange Fäden reihte und zum Trocknen aufhängte. Unser Zeltvordach war bald völlig mit Pilzketten zugehängt. Überall baumelten sie, die Ketten voller Trockenpilze. Bis sie eines Morgens alle verschwunden waren, geklaut. Wer macht denn so etwas? Wir zogen erneut los, und kehrten heim mit reicher Beute. Diesmal hängten wir die Ketten im Auto und im Zeltinneren auf. Wer schon einmal mit trocknenden Pilzen in einem Raum gelebt hat, wird wissen, dass man den anfangs angenehm würzigen Geruch nicht lange ertragen kann. Die Ketten mussten wieder raus – und waren am Morgen wieder weg. Man bedauerte unser Missgeschick, doch fand niemand eine Erklärung für das seltsame Geschehen. Eichhörnchen, Vögel, ja sogar Wildschweine wurden des Diebstahls verdächtigt. Die jungen Leute, bei denen wir die Trocknungsmethode abgekupfert hatten, boten an, Nachtwache mit uns zu halten. Allerdings war uns inzwischen die Sammellust vergangen, mehr noch die ständige Schnippelei und das Aufziehen der Pilzstücke.

Wir verlegten uns auf das Erkunden der weiteren Umgebung des Campingplatzes. Dabei gerieten wir eines schönen Tages in eine Kolonne

... dann auffädeln

sowjetischer Militärfahrzeuge, deren größter Teil aus Panzern bestand. Die Gefährte wirbelten auf den unbefestigten oder zumindest zur Hälfte aus reinem Sand bestehenden Straßen dermaßen viel Dreck hoch, dass eine Weiterfahrt unmöglich wurde. Stehen bleiben ging auch nicht, von hinten kam ständig Nachschub, der uns zu überrollen drohte. Lag es nun daran, dass wir ein „Russenauto" fuhren oder einer der Militärpolizisten Erbarmen mit uns hatte: Die Kolonne stand plötzlich still, der Staub legte sich und wir hatten freie Sicht. Jetzt aber los, so schnell die Reifen fuhren. Hätten wir nicht gemusst. Die Panzer hatten nicht unseretwegen gestoppt. Vor dem kleinen Verladebahnhof, den sie angezielt hatten, war eines der vorn fahrenden Kettenfahrzeuge auf einen Funkleitjeep gekracht, der nunmehr um mindestens einen Meter flacher geworden war. Wie die Fahrzeugbesatzung da rechtzeitig rausgekommen war, bleibt ihr Geheimnis. Das zermatschte Auto hätte vor wenigen Minuten auch unser Lada sein können. Wer danach mehr zitterte, wir oder unser Pkw, ist nicht mehr nachzuvollziehen.

Unsere nächsten Ausflüge führten jedenfalls nicht mehr in die umliegenden Ortschaften. Auch Beelitz ließen wir lieber links liegen, da waren

Sandstrand und Badewiese

noch zu viele Russen unterwegs. Wir konnten damals ja nicht ahnen, dass der Ort einmal als Honeckerasyl Geschichte schreiben sollte. Das hätte aber auch nichts gebracht, was kann man mit dem Anblick eines abgehalfterten Politikers anfangen, es sei denn, man ist Berufspaparazzo.

Wir suchten das weiter entfernt liegende Potsdam auf. In der preußisch-brandenburgischen Hauptstadt hatte ich vor nicht allzu langer Zeit ein Studienjahr verbracht. An den winterlichen Wochenenden, wenn sich eine Heimfahrt am Sonntag aus zeitlich-finanziellen Gründen nicht lohnte, besuchte ich Campingplätze in der wunderschönen Umgebung der Stadt. Vielleicht war ja ein Platz darunter, den es sich im Sommer zu besuchen lohnte. Genau genommen hätte sich ein Aufenthalt auf allen Plätzen hier an der Havel und ihren Seen gelohnt. Wer aber einmal im Winter einen Sommercampingplatz gesehen hat, wird zugeben müssen, dass man eine Unmenge Phantasie benötigt, sich vorzustellen, hier Urlaub machen zu wollen. Öde, leer, von sommerlichen Camperhinterlassenschaften geprägt und mittendrin ein bewohntes Hauszelt, davor ein bibbernder Mensch mit bloßem Oberkörper, so lernte ich Friedrich kennen. Zuerst dachte ich an einen Obdachlosen, einen aus dem Hause

Im sauberen Glienickesee

Gejagten oder aus einer Anstalt Entflohenen. Nein, Friedrich, oder Fritze, wie er von sich selbst stets in der Mehrzahl redete, war eigentlich völlig normal. Er befand sich im Abhärtungstraining für eine Reise in die Sowjetunion, die er in seinen Semesterferien antreten wollte.

„Mensch, Fritz, die Sowjetunion ist riesig. Die besteht nicht nur aus dem winterlichen Sibirien", wagte ich mit meinem Wissen zu glänzen. Fritz sah mich mitleidig an und erklärte, dass er nicht beabsichtige, in die fernen Weiten Sibiriens vorzudringen. Vielmehr wolle er einige Berge im Kaukasus erklimmen. Und die seien in ihren oberen Regionen nun einmal eisig kalt. „Wir trainieren nun schon zwei Jahre, bisher hat es aber mit dem Visum nicht geklappt. Aber jetzt haben wir Aussicht auf Erfolg. Wir danken den Behörden, insbesondere dem Intourist-Büro, für die prompte Genehmigung unseres Reisewunsches." War das nun ironisch oder ernst gemeint? Dann verfiel er wieder in seine Yogahaltung und meine Anwesenheit schien nicht mehr gewünscht zu sein. Ich begann, mich zu entfernen. „Er bleibe ruhig noch", tönte es aus dem Zelt, in das er sich inzwischen verkrochen hatte, nun aber in Pullover und Wattehose gekleidet wieder zum Vorschein kam. Wir verbrachten noch ein gemeinsames Stündchen bei wärmenden Getränken und ich lernte einen prächtigen Menschen kennen, der zwar spleenig, aber ansonsten sehr intelligent war. Der Junge hatte schon einiges hinter sich: Abgestürzt beim Bergsteigen in der Tatra, verlaufen in den Wäldern Ostpolens, von den Bulgaren in der Grenzregion zu Griechenland festgenommen und tagelang verhört worden, als vermeintlicher Republikflüchtling von DDR-Grenzern in der Ostsee auf einer ungarischen Doppelluftmatratze aufgegriffen, aber wegen erwiesener Unschuld wieder freigelassen und in Rumänien nach dem Biss eines mit Tollwut infizierten Hundes dem Tod gerade noch einmal von der Schippe gehüpft. Und das alles auf Touren ohne Begleitung bis auf die immer wachsamen Augen der verschiedenen Staatsmächte, die ihn nicht nur oft in die brenzligen Situationen gebracht, sondern genauso oft herausgeholt hatten.

Der junge Mann hatte mich tief beeindruckt, dass er mir jetzt sofort wieder gegenwärtig war, als ich mit meiner Familie durch Potsdams Straßen schlenderte. So sehr ich auch Ausschau hielt in der vagen Hoffnung, den Globetrotter zufällig unter den Passanten zu entdecken, es war ein einfältiges Unterfangen, zumal es ja wieder Sommerferienzeit war. Vielleicht war ich damals auch nur dem wiedergeborenen Phantom des Alten Fritz begegnet, schließlich befanden wir uns in dessen ehemaligem Wirkungsbereich. Doch woher sollte der die Sowjetunion und die DDR-Grenzer gekannt haben.

Auf der Rückfahrt von Potsdam zum Campingplatz entdeckten wir in der Nähe der Raststätte Michendorf am Straßenrand ein junges Pärchen, das aus dem Auto heraus getrocknete Pilze zum Verkauf anbot. An der roten Pilzketten-Schnur erkannte mein Sohn sofort die von ihm mühevoll verrichtete Fädelarbeit. Was tun? Anhalten, zur Rede stellen, streiten? Oder abwarten und Tee trinken. Wir entschieden uns für Letzteres. Zurück auf dem Campingplatz berichteten wir einigen anderen Campern von unserer Entdeckung. Am Abend postierten wir uns vor dem Zelt des Pärchens. Die scheinheilige Frage meinerseits, ob sie noch immer bereit seien, Nachtwache zu halten, wurde mit der Begründung verneint, dass man morgen abreisen müsse. Hatten sie uns unterwegs erkannt, oder waren es die unfreundlichen Gesichter der um uns stehenden Leute, die die Ablehnung verursachten. Nach einem zugegeben etwas lauten und unsachlichen Wortwechsel wurden die beiden gezwungen, nicht bis zum Morgen zu warten, sondern sofort die Heimreise anzutreten. Die Welt war wieder in Ordnung. Und in den nächsten Tagen gingen wir auch wieder auf Pilzsammeltour.

Warnitz (1980)
am Oberuckersee in der Uckermark

Das Camp liegt am herrlichen Oberuckersee südlich von Warnitz, ist gut von der Autobahn Berlin-Prenzlau zu erreichen und wird umgeben von unberührten Naturgebieten. Der See und die vielen Ausflugsmöglichkeiten zu nahen und ferneren Zielen der Uckermark ließen wenige Urlaubswünsche offen. An die Platzgestaltung haben wir zwiespältige Erinnerungen, das gestufte Waldgelände war stellenweise recht uneben.

Der Oberuckersee

Wir reisten viel in der Gegend umher, die nahe Autobahn lud förmlich dazu ein. Prenzlau präsentierte sich als angenehme Einkaufsstadt, war aber von Besuchern aus Polen zumindest in den Geschäften hoffnungslos überlaufen. Am liebsten kauften unsere Nachbarn Schuhe. Zur Größenfeststellung nutzten sie ein kleines Stöckchen, welches sie in das Schuhinnere drückten, um die Schuhe dann zu den schon im Einkaufskorb befindlichen drei bis vier anderen Paaren zu werfen. Kopfschüttelnd sahen wir dem Gebaren zu. Was uns nicht davon abhielt, ins nahe Szczecin zu fahren, um auch unsererseits auf Schnäppchenjagd zu gehen. Auf dem Wege dorthin fielen uns auf den Parkplätzen am Rande der Autobahn die vielen alten weggeworfenen Latschen auf, Schuhe konnte man die Treter wohl nicht mehr nennen. Hier waren also die Umkleideplätze unserer polnischen Besucher. Ehe sie sich an der Grenze bei Stichkontrollen die Taschen leeren ließen, tauschten sie vorsichtshalber alt gegen neu. Auf einem Parkplatz steckten in den abgelegten, hier allerdings nagelneuen Turnschuhen, die Beinchen mitsamt einem traurig dreinblickenden etwa fünfjährigen Knaben. Die Eltern hatten ihn einfach im Zuge der Umkleideaktion auf dem Parkplatz vergessen. Wir versuchten, das Knäblein zu trösten. In Ermanglung polnischer Sprachkenntnisse war das jedoch ein wenig Hoffnung versprechendes Unterfangen. Nach einer längeren Wartezeit auf die Rabeneltern beschlossen wir, das Kind zur Grenze nach Pomellen mitzunehmen und dort den Behörden zu übergeben. Die nun einsetzende bürokratische Zeremonie machte es uns zeitlich unmöglich, die geplante Reise nach Stettin fortzusetzen. Spät kamen wir auf dem Campingplatz an, um am nächsten Tag einen neuen Reiseversuch zu starten. Diesmal hielten wir nirgends an, fanden keine fremden Kinder und hätten uns auch nicht erweichen lassen, wenn es anders gewesen wäre.

In Stettin hatten wir sehr schnell den großen Polenmarkt gefunden. Wir folgten einfach der Autokolonne mit DDR-Kennzeichen. Eigentlich hatten wir keine besonderen Einkaufsgelüste, aber ein Elektro-Heizlüfter hatte es uns dann doch angetan. In der Heimat waren die Dinger aus vielerlei Gründen nicht mehr zu bekommen. Offiziell hieß es, sie seien aus brandschutztechnischen Gründen viel zu gefährlich. Manchmal sickerte durch, dass sie zu viel des kostbaren Stroms verprassten. In unserer Plattenbauwohnung stellte man die Heizperiode nämlich nicht nach den Außentemperaturen ein, sondern nach dem Kalender. Und dann saßen wir nicht selten frierend in der Bude. Dem abzuhelfen, benötigten wir den polnischen Heizkörper. Das Gerät funktioniert noch heute nach über 25 Jahren tadellos. Wir haben es aber auch wegen des wahnsinnig hohen Stromverbrauchs sehr geschont.

Während wir auf dem Polenmarkt noch über den Preis des Lüfters verhandelten, waren plötzlich sämtliche Stände leer, von Verkäufern und Waren blitzschnell geräumt. Zuerst dachen wir an die Wiederholung einer uns von früher bekannten Betrügermasche, stellten aber schnell fest, dass es sich um eine Polizeirazzia handelte. So schnell sich die Flucht abgespielt hatte, so schnell war alles wieder da. Als sei nichts geschehen, nahm die „Verkäuferin" die Preisverhandlungen mit uns wieder auf. Nach Geschäftsabschluss wollte ich wissen, woher die ansprechend designten Geräte denn kämen. Freimütig erklärte mir die Frau, dass sie aus ihrem Betrieb stammten und sie die Lüfter statt Lohn zur Selbst-

Waldcamping im Klappfix

vermarktung mitgenommen hätte. Zwar wussten wir, dass es mit der polnischen Wirtschaft nicht rosig bestellt war, aber so schlimm hatten wir es uns nicht vorgestellt. Als wenige Wochen später die DDR-Regierung den freien Reiseverkehr mit dem Bruderland rigoros einstellte, hatte das vermutlich weniger mit der wirtschaftlichen Situation, als mehr mit der Solidarnoc-Bewegung als Folge des ökonomisch-politischen Niedergangs zu tun. Unverständlich, dass die DDR-Oberen es nicht merkten, wie die wirtschaftliche Misere die Politisierung eines ganzen Volkes nach sich zieht und den Herrschenden klar macht, wer das Sagen im Lande hat.

Noch in Gedanken versunken, zupfte mich plötzlich etwas von hinten an der Jacke. Ich drehte mich um, und da stand er, der Knirps von gestern. Nein, nicht schon wieder! Mein Versuch, schnell das Weite zu suchen, scheiterte am lauten Geschnatter einer jungen Frau, die auf mich zustürmte und in mir fast panische Fluchtreflexe auslöste. Zu spät, die junge Mutter hatte mich und meine Frau fest im Griff. Erst langsam registrierten wir, dass es die Mutter des von uns an der Autobahn aufgelesenen Jungen war. Sie schleppte uns in ein kleines Café, spendierte einen Espresso und redete endlos auf uns, die wir kein Wort verstanden, ein. Als wir uns verabschiedeten, konnten wir nicht verhehlen, dass wir eine nette Polin kennen gelernt hatten, die nach einer allerersten unangenehmen Begegnung mit einem Polen die Menschen dieses Landes wieder in einem anderen Licht erscheinen ließ. So ist das nun einmal mit den Vorurteilen: Sie prägen und lassen sich oft nur durch positive Erlebnisse korrigieren.

Zaue (1982)
am Schwielochsee im Brandenburgischen

Der Campingplatz liegt in einem weitläufigen Waldgelände mit Sandstrand, der uns ein wenig schmal erschien. Es ließen sich aber auch andere kleine Badebuchten im Schilfgürtel finden.

Der regelmäßige Besuch des inzwischen legendären Gurken-Harry mit seinen original Spreewälder sauren Gurken aus dem Fass hätte uns bald zu einer Wiederholung des Aufenthalts in Zaue verleitet. Aber die Erinnerung an den staubigen, feinsandigen, schwarzen Waldboden, der überall, besonders in den Klamotten und an den Körpern der herumgeisternden Kinder, seine Spuren hinterließ, hielt uns letztlich davon ab. Dazu kam, dass auf den Straßen und Wegen der Umgebung massenweise auftretende Russenpanzer nervten und die Camper zum freiwilligen Verzicht auf eine ausgedehntere Erkundung der Gegend veranlassten.

Die Kinder waren den ganzen Tag unterwegs. Wir hatten diesmal außer unserem Sohn einen Neffen und einen gleichaltrigen Freund mitgebracht. Die drei erlebten gerade eine Geschichtsforscherphase. Das äußerte sich darin, dass sie jedes erreichbare Museum besuchen mussten, hinter jedem verdächtig aussehenden Fels, Gedenkstein, alten Baum oder Gebäude eine historische Sensation vermuteten. Am meisten hatten es ihnen Sagen und Legenden über die soeben von ihnen besuchte Gegend angetan. Sie baten interessant erscheinende Leute, ihnen von alten Zeiten zu erzählen und wurden selten müde, auf irgendwelchen Spuren der Vergangenheit zu wandeln.

Manchmal war es nicht uninteressant, ihren Ergebnissen zu lauschen. So erklärten sie uns die Entstehung des Namens Schwielochsee, allerdings in der ihnen eigenen Art der Interpretation:

Der Schwielochsee: Paradies für Wassersportler

Vor uralter Zeit, als es den See noch nicht gab, wuchsen im hiesigen Tal noch Bäume und zierten Felder das Gelände. Die LPG-Bauern der Gegend hatten den Ehrgeiz, das größte Schwein aller Genossenschaften des Landes zu züchten. Und so mästeten sie ein Ferkel, das mit der Zeit derartig an Gewicht und Größe zulegte, dass der Dorfteich als Suhle bald nicht mehr ausreichte und sie das Tierchen in das nahegelegene Tal bringen mussten. Dort wühlte und buddelte es weiter, bis es zufällig eine unterirdische Wasserader anriss, die in Minutenschnelle das ganze Tal zu überschwemmen drohte. Die Bauern sprangen in ihrer Verzweiflung ins Wasser, um aus den überfluteten Scheuern Traktoren, Mähdrescher und andere wertvolle Geräte zu retten. Dass ihre Prachtsau inzwischen in den Fluten ersoff, störte sie in diesem Augenblick nicht. Dafür mussten sie mit ihrem Leben büßen. Geräte, Bauern und Schwein blieben verschwunden. Man munkelt, die in der Lausitz beheimateten Ludki, manchmal auch Luttchen genannt, hätten die armen Seelen gerettet und sie in ihrem unterirdischen Reich aufgenommen. Dort hätten sie die Riesensau geschlachtet und würden so lange in Saus und Braus leben, wie die Fleisch- und Wurstvorräte reichten. Damit das noch sehr lange so anhalten könne, würden die Bauern rund um den See jährlich einige Schinken opfern und strotz streng kontrollierter Produktionsplanvorgaben ins Wasser werfen. Die Angst, der See könne sich wie in Zeiten des Mangels jährlich ein Menschenopfer holen, ist nun einmal größer als der Respekt vor der staatlichen Plankommission. Seit dieser Zeit nannte man den neu entstandenen See das Swinlug oder Schweineloch.

Die Geschichte hatten die Burschen auch der Kioskfrau erzählt, einer netten, kaufmännisch gerissenen, aber sonst etwas leichtgläubigen und gemütlichen Person. „Ihr Spinnefixe", titulierte sie die Junghistoriker mit an der Stimmlage zu erahnender Unsicherheit. Seitdem lief sie aber Abend für Abend runter zum See und ließ unauffällig einige der nicht mehr zu verkaufenden Wustscheiben ins Wasser fallen.

Eine andere Auswirkung des Forschertreibens unserer Spinnefixe haben wir dem Gurken-Harry zu verdanken. Der Mann kam in regelmäßigen Abständen auf den Campingplatz, sein Klingeln brachte ganze Heerscharen spreewaldgurkensüchtiger Hausfrauen und Männer auf die Beine. Man musste schnell sein, wollte man von den Delikatessen noch etwas abbekommen. Unsere Knaben waren immer schnell. Harry wurde für sie selbst zum Forschungsobjekt, konnte er doch in seiner ausgesprochen humorvollen Art jede Menge Geschichten über seine Heimat erzählen. An der Spitze rangierten Geschichten um die Ludki, einem Zwergenvolk, das hier in der Gegend jedem Bewohner Respekt abnötigte, obwohl die Gnome nur sehr selten jemand zu Gesicht bekam. Sie belohnten jeden Gerechten, straften aber unbarmherzig die Undankbaren und Habgierigen. Jedes Dorf kannte eine Geschichte um die Luttchen, wie sie manchmal auch genannt wurden.

Über die sich aus der Kenntnis dieser Sagengeschichten ergebenden Forschungsunternehmen unserer Jungen sind wir Eltern nicht informiert. Was vielleicht auch besser so war. Ein anderes Forschungsergebnis mussten wir aber leibhaftig miterleben. Eines Tages jagte uns ein lautes Geheul aus dem Zelt. Auf der großen Wiese vollführten einige wild gewordene Knaben hemmungslose Indianertänze, hielten sich Bäuche und Münder, sodass man die Gründe für ihr Treiben nicht verstehen konnte. Erst nach und nach bekamen wir heraus, dass unsere Lauserte den armen Kindern Original-Gurkenmilch Marke Geheimrezept Spreewald verordnet hatten.

Campingplatz am Schwielochsee

Gurken-Harry hatte ihnen die Geschichte von der kranken Bäuerin erzählt, die, in den letzten Zügen liegend, ihren Mann nach Medizin in die Stadt schickte. Dabei könne er auch gleich die eingelegten sauren Gurken verkaufen. Der Bauer war aber unterwegs in einer Kneipe hängen geblieben und fürchtete die Heimkehr ohne Medizin, zumal er das bisschen Geld versoffen hatte. Pfiffige Mitzecher rieten ihm, doch selbst eine Medizin herzustellen. Bitter und feurig musste sie schmecken, aber auch nach Medizin riechen. Gesagt, getan. Man nahm die Gurkenbrühe, mischte sie mit einigen hochprozentigen Schnäpsen und verschloss alles in einer Medizinflasche. Es ergab eine milchige Flüssigkeit, für die das arme Bäuerlein allerdings ein ganzes Gurkenfass zwecks Bezahlung des Schnapses löhnen musste. Wieder zu Hause, schluckte die Kranke die vermeintliche Medizin, sprang aus dem Bett, pustete wie ein Flammenwerfer, fiel um und ward in wenigen Minuten von allen Leiden geheilt. Ohne das Rezept jemals zu verraten, wurde der Bauer in der Folgezeit mit der Original Spreewälder Gurkenmilch berühmt und reich.

Unsere Jungen ließ die Geschichte selbstverständlich nicht kalt. Also beschlossen sie, in die Phase erfinderischer Menschheitsretter einzutreten. Den Alkohol erstanden sie trotz Jugendschutzgesetz bei der freundlichen Kioskdame. Was sie ihr, der sich korrekt an alle Vorschriften Haltenden aufgetischt hatten, um an das Gesöff mit dem bezeichnenden Namen „Wilde Sau" zu gelangen, entzieht sich unserer Kenntnis. Die Wirkung kennen wir. Woher kam aber die Gurkenlake? Die hatten sie, so gestanden sie nach langem Drängen und Drohen, dem Gurken-Harry geklaut. Dazu musste sich der Freund unseres Sohnes in ein fast leeres Fass beugen und mittels einer Blechbüchse so viel wie möglich von der Brühe ausschöpfen. Dabei rutschte er allerdings kopfüber in das Fass, tauchte in die Lake und konnte gerade noch einen lauten Schrei ausstoßen, der Harrys Aufmerksamkeit erregte. Die Gefahr sofort richtig erkennend, zog er den Abgetauchten aus dem Fass. „Aber die Brühe hatten wir schon in Sicherheit gebracht", erklärte mein Sohn. Harry verzichtete auf eine Standpauke, er war viel zu sehr geschockt und gab sich selbst, der Qualität seiner Gurken und dem fehlenden Fassdeckel die Schuld für das Geschehene. Hätte er nicht tun sollen. Die drei Lausejungen sahen somit keinen Grund, ihren Plan aufzugeben. Stattdessen rührten sie das vermeintliche Wundergebräu zusammen und ließen es neugierige Kumpane ausprobieren.

Außer einigen Elternprotesten hatte das Ereignis glücklicherweise keine weiteren negativen Folgen, bis auf die Tatsache, dass wir tagelang den Geruch saurer Gewürz-, Pfeffer-, Knoblauch- und Senfgurken ertragen mussten. Selbst wiederholtes Baden befreite unseren Fasstaucher nur langsam vom Duft seines Abenteuers. Wir beschlossen jedenfalls, ab sofort ein Reise- und Besichtigungsprogramm aufzustellen, um den Tatendrang der Burschen in eine kontrollierte Richtung zu lenken.

Das Programm führte uns in den nahe gelegenen Spreewald mit seinen Touristenzentren Lübben und Lübbenau. Der krönende Abschluss sollte eine Kahnrundfahrt werden, die wir wegen des großen Andrangs einige Tage vorher anmeldeten. Wir parkten das Auto in Lübben und bestiegen gemeinsam mit vielen anderen Touristen das kiellose, flache Gefährt, nahmen auf den Holzsitzen Platz und harrten der Dinge, die da kommen würden. Der Kahnführer zeigte sich ein wenig mürrisch, redete nicht viel, aber stakte uns in gleichmäßigem Tempo durch die Fließe. Wir genossen die reizvolle Landschaft und waren eigentlich froh, keinen der belehrenden, mit Witzchen gewürzten Reisevorträge anhören zu müssen. Völlig versunken in die Betrachtung der Gegend, schreckte uns das laute Gekreisch einiger Damen auf. Das ansonsten ruhig dahingleitende Gefährt begann wegen der von den Sitzen aufspringenden Frauen gefährlich zu wanken. Der Kahnführer hatte alle Mühe, die Balance zu halten. Ohne es zu wissen, ahnte ich jedoch sofort, in welcher Ecke die Ursache der Panik zu suchen war. Ein Blick zu meinem Sohn bestätigte den Verdacht, der hatte sein mir zur Genüge bekanntes Heiligenschein-Gesicht aufgesetzt. Dann sah ich sie auch, die Frösche, die überall im Kahn umherhüpften.

Die Jungen hätten sich etwas dabei gedacht, als sie beschlossen, die Viecher mit an Bord zu bringen. Schließlich wären sie das beste Mittel gegen Mücken, von denen es im Spreewald wimmeln sollte. So jedenfalls versicherten sie uns, nachdem der Kahnstaker uns gnadenlos an Land gesetzt hatte. Nun standen wir vor einem Bauernhaus und hielten Ausschau nach einem begehbaren Weg, auf dem wir zu Fuß zurück zum Parkplatz in Lübben kommen konnten.

Mein lautes Geschimpfe lockte eine Dame aus dem Haus, die sich sehr über unsere Ankunft wunderte. Nach wahrheitsgemäßer Beichte unseres Missgeschicks brach sie in lautes Gelächter aus und bat uns, ein wenig zu warten, sie würde uns in die Stadt zurückbringen. Nach etwas längerer Wartezeit erschien unsere Rettungsfee wieder auf der Bildfläche. Sie lenkte einen Kahn um die Fließecke und stand, gekleidet in eine wunderschöne Spreewaldtracht, aber ohne die breite Haube, am Heck des Bootes und stakte den Kahn ans Ufer. Mit seiner breiten, flachen Schnauze lag er auf der Wiese und wir konnten bequem einsteigen.

Wie sich herausstellte, war unsere Bootsführerin beruflich im Fremdenverkehrsbüro beschäftigt. Sie trug ihre Berufskleidung und war jetzt mit uns auf dem Weg zur Arbeit. Unterwegs erzählte sie den Jungen die Geschichte von der Froschleiter. Nach der hatte einst ein gutmütiger Bauer die auf dem Trockenen der ausgedörrten Fließe verdurstenden Frösche einen Weg in die Freiheit geschaffen. Aus Dankbarkeit schützten die Tiere nach der schlimmen Dürrezeit sein Haus, indem sie alle Mücken vertilgten, die sich in dessen Nähe wagten. Einen Teil der Leiter könne man noch sehen, wenn man an dem Haus vorbeifuhr. Wo es sich befand, sagte die Frau uns allerdings nicht.

Am breiten Grinsen unserer Jungen konnten wir ablesen, dass sie sich als von den Streichfolgen rehabilitiert ansahen. Während der Fahrt durften alle einmal die circa vier Meter lange Stange, den Rudel, mit der wasserseitig verbreiterten Fläche in die Hände nehmen und den Kahn ein Stück des Wegs staken. Wir hatten vorher nicht geahnt, dass dies eine ziemlich schwere und schweißtreibende Arbeit sein konnte. Bei den vorbeigleitenden Fährkähnen sah das Gestake so leicht aus. Der Nachmittag und damit der Aufenthalt auf dem Campingplatz in Zaue wurde ein unvergessliches Erlebnis für die Jungen wie für uns. Und deshalb fielen die späteren Strafpredigten auch etwas verhaltener aus als angebracht.

Dippelsdorfer Teich im Moritzburger Teichgebiet (1984)
bei Reichenberg – Kr. Dresden

Man campt auf einer ebenen Wiesenfläche mit Bäumen am Ufer des größeren von zwei Seen, zwischen denen die dampfbetriebene Lößnitzgrundbahn entlangzuckelt und sich vom Campingplatz aus gut beobachten lässt. Die Nähe zur Moritzburg und anderen fürstlichen Naherholungsstätten sowie die verkehrsgünstige Erreichbarkeit der Elbmetropole Dresden ließen den Aufenthalt auf dem Campingplatz zu einem kulturellen Erlebnisurlaub werden. Baden, Kulturgenuss und Faulenzen, was will der Camper mehr, uns gefiel es hier. Aber die brutale Trennung zwischen Ost- und Westcamperarealen sowohl qualitativ als auch körperlich in Gestalt einer unüberwindlichen Umzäunung der Westzone erinnerte uns auch im Urlaub, dass uns zwar die Zukunft, nicht aber die Gegenwart gehörte.

Unser Sohn war mit Kumpels auf eigener Campingfahrt unterwegs. Er wollte aber später zu uns stoßen und sich in den Restferien von Muttern verwöhnen lassen. Es war der bloße Zufall, dass ich eines Morgens an der Rezeption ein Telegramm entdeckte mit dem klugen Text: „Komme schon heute. Bitte abholen." Wann war heute? Wie lange war das Telegramm schon unterwegs? Blieb uns nur der Funke Hoffnung. Wir sausten zum Dresdener Hauptbahnhof, passten alle möglichen Züge ab und erwischten ihn doch tatsächlich, unseren fröhlich daherspazierenden Filius. Zwar war er es gewesen, der den Campingplatz wegen

Zwischen den Dippelsdorfer Teichen zuckelt der „Löbnitzdackel" vorbei

der nahen Schmalspurbahn ausgesucht hatte, doch wie er genau zu erreichen war, hatte ihn nicht weiter beschäftigt. Wozu hat man denn Eltern? Jedenfalls war die Familie glücklich vereint und freute sich auf die zu erwartenden Erlebnisse.

Und die ließen nicht lange auf sich warten. Ein Teil unseres Campingplatzes war ausschließlich Besuchern aus der Bundesrepublik und dem kapitalistischen Ausland vorbehalten. Eine gepflegte Anlage mit im Waldhausstil errichtetem Sanitärhäuschen konnte durch einen Zaun von uns ausgemacht werden. Ein Camper aus Bayern sprach uns über die Grenze hinweg an und verwickelte uns in ein unpolitisches Gespräch über die Stadt und deren Umgebung. Unsere Antworten müssen ihm sympathisch gewesen sein, denn er entschloss sich, mit seinem Caravan auf unsere Seite umzuziehen. Da hatte er aber die Rechnung ohne den DDR-Gastgeber gemacht. Welche Gründe man ihm für die Ablehnung präsentierte, wissen wir nicht. In den nächsten Tagen wurden die Kontakte jäh unterbrochen. Zum einen hatten jetzt ausgiebige Pflegearbeiten entlang des Zaunes begonnen, zum anderen war unser Gesprächspartner nur noch in der Ferne und außer Hörweite zu sehen. Nun hatten wir ja inzwischen

Camping „Bad Sonnenland", Zeltplatz Nr. 46

unsere Naivität hinsichtlich der uns immer und zu jeder Zeit um unser Wohl besorgten Staatsorgane verloren, derart dämliche Aktionen erregten dann aber doch unsere Verwunderung. Den Bayern trafen wir einmal bei einem Museumsbesuch, er kam uns sehr verändert vor. Vorsichtig schaute er sich in der Gegend um und verschwand mit naiv-freundlichem Grienen hinter einer Ausstellungsvitrine. Was müssen die dem armen Kerl für eine Angst eingejagt haben. Dafür lernten wir Gerry kennen, einen uns aus Westernfilmen bekannten Schauspieler. Er besuchte das Karl-May-Museum in Radebeul zu der Zeit, in der wir gleiches taten. Damals hieß das Wild-West-Blockhaus „Villa Bärenfett" mit seiner ethnologischen Sammlung zu Kulturen der nordamerikanischen Indianer noch Völkerkundliches Museum oder so ähnlich. Karl May war in der DDR eine Tabu-Figur, obwohl, oder weil ihn jeder kannte. Seine Bücher wurden unter der Hand verliehen oder aus dem Westen besorgt. Jedes Kind kannte Winnetou und Old Shatterhand. Ich hatte mich schon als Jugendlicher für die Helden interessiert, weshalb es nicht wunderte, dass ich dem Museum einen Besuch abstatten musste. Ich wollte die musealen Überreste leibhaftig sehen und in Erinnerungen schwelgen. Anders die Motive Gerrys. Wie er uns später erzählte,

Barocker Leuchtturm

arbeitete er an einem neuen Filmdrehbuch. Dafür wollte er so viel wie möglich authentisches Material sichten, um später weitgehend realitätsnah zu sein. Gerry war gebürtiger Ausländer, der sich in die DDR abgesetzt hatte. Wir kamen hier im Museum ins Gespräch auf Grund seiner Fragen, die er unvermittelt an mich richtete. Ihn interessierte mein Wissen als hier im Lande Aufgewachsener über die legendären Romanhelden Karl Mays. Und so musste ich ihm die Herkunft, Bedeutung und Unterschiede der Wunderwaffen Silberbüchse, Henrystutzen und Bärentöter erklären. Er wollte alles Mögliche über die ausgestellten Exponate wissen, obwohl er eigentlich alles den Prospekten hätte entnehmen können. Leider endete unsere kleine Exkursion recht plötzlich, als ihn einige Besucher erkannten und mit Autogrammwünschen bestürmten. Von mir wollten sie keine Autogramme. Tags darauf stand er wieder vor uns, auf dem Campingplatz. Er hatte sein Wohnmobil im Ostareal aufgestellt und damit den Platzwart in arge Verlegenheit gebracht. Erstens war Gerry kapitalistischer Ausländer, aber zweitens in der DDR lebender und bekannter Filmstar. Zudem fuhr er ein Wohnmobil, was für DDR-Camper absolut ungewöhnlich war. Gerry ließ sich nicht bewegen, ins attraktivere Westareal zu wechseln, schon gar nicht, als er uns wiedererkannte. Wir saßen nun Abend für Abend beisammen und quatschten, was das Zeug hielt. Rund um unseren Stellplatz arbeiteten jetzt fleißige Geländepfleger mit uns übergroß erscheinenden Ohren der Großmutter aus dem bekannten Märchen: des Wolffs Gehilfen. Politisieren mussten wir nicht, Gerry war bestens informiert, also drehten sich alle unsere Gespräche um den Autor, dessen Name bei uns tabu war.

Eigentlich hätte ich nun auch wieder mit unserem Bayern plaudern können, war der Grenzzaun doch wieder unbewacht. Aber der ward nicht mehr gesehen, trotz neuer Freiheit. Dafür gerieten wir an einen Rheinländer mit unerschütterlichem Humor und trotziger Gelassenheit. Mit ihm war nicht nur nett plauschen, wir zeigten ihm das schöne Dresden, schleppten ihn und seine Frau durch die Museen, Gaststätten und anderen Sehenswürdigkeiten der Stadt. Schließlich hatte ich in jungen Jahren hier meine Studienzeit verbracht und kannte mich aus. Zur gleichen Zeit dampfte unser Sohn, seinem Hobby frönend, mit der Lößnitzgrundbahn durch die Gegend. Er steckte mit seiner Begeisterung Gerry an und bald verging kein Tag, an dem die beiden nicht mit dem Schmalspurzügele unterwegs waren. Nicht beweisbar, aber immerhin möglich: In Gerrys Film spielte später ein Westernzug eine nicht unwesentliche Rolle. Und dass die Eisenbahnüberfaller den Zug in einer Schlucht von oben her eroberten, hatte nicht zufällig mit der kleinen Bahn im sächsischen Lößnitzgrund zu tun.

Unsere Unternehmungen hatten schon einige Tage überdauert ohne Zwischenfälle oder andere Unannehmlichkeiten. Das war doch nicht normal: Bundi und DDRler reden miteinander und laufen wie selbstverständlich in der Stadt umher. Zwar waren wir derartige Gepflogenheiten aus unseren uns inzwischen ins sozialistische Ausland führenden Campingreisen gewohnt, doch hier? Ich hätte doch wissen müssen, dass man so etwas nicht tut, hatte man mich doch vor noch nicht allzu langer Zeit wegen öffentlichen Meckerns in die Stasimangel genommen und von mir Besserung zu geloben verlangt. Na ja, ich meckerte gegenüber unseren Rheinländern nicht, sondern zeigte ihnen schließlich die Errungenschaften einer sozialistischen Großstadt. Und trotzdem spielten meine unsichtbaren Freunde nicht mehr mit. Wir wurden von der Platzleitung aufgefordert, das Camp am nächsten Morgen zu verlassen, man müsse es leider wegen einer ausgebrochenen Ruhrepidemie schließen. Außerdem mögen wir doch bitte von letzten Abschiedsfeiern mit anderen Campern aus gesundheitlicher Vorbeugung absehen. Wir verabschiedeten uns von den Ruhrpottlern und vor allem von Gerry. Es ist wohl überflüssig zu erwähnen, dass wir später seinen Film mehrmals angesehen haben, schließlich gehören wir im weitesten Sinne zu den geistigen Hintermännern und -frauen des Abenteuerstreifens. Wenige Wochen nach dem Urlaub überraschte uns die Post mit einem Paket. Sein Inhalt: Drei Bände „Winnetou", herausgegeben in Bamberg.

Grenzüberschreitende Ostalgie

Wie schon erzählt, konnten wir irgendwann einen Pkw Typ Lada unser Eigen nennen. Von nun an war die Organisiererei, Schlepperei und Zitterpartie um nicht angekommene Gepäckstücke vorbei. Jetzt konnten wir von einem Auslandsurlaub nicht nur träumen, die Ferne rückte in realistische Nähe.

Vor dem ersten Mal

Bevor wir uns das erste Mal allein getrauten, die Grenzen der DDR in Richtung Osten (wohin denn sonst?) zu verlassen, setzten wir eine Probereise mit Freunden unter reisebürokratischer Leitung an. Eine Wochenendbusfahrt führte uns ins berühmte Bäderdreieck von Karlovy Vary – Mariánské Lázne – Frantiskovy Lázne (Karlsbad – Marienbad – Franzensbad).

Einen nicht unwesentlichen Anteil an der sich entwickelnden liebevollen Beziehung zum Nachbarland hatte der Reiseleiter, der uns ab tschechischer Grenze begleitete: So muss der brave Soldat Schwejk des

Plzen: Eingangspforte ins Urquellparadies

Herrn Hasek ausgesehen haben. Dieser Mensch war die Verkörperung all dessen, was wir uns über die Tschechen geistig zurechtgelegt hatten. Er nahm uns mit seinem Erscheinen, der verschmitzt humorvollen Art und dem typisch böhmischen Tonfall des deutsch sprechenden Tschechen die misstrauischen Hemmungen vor den Grenzern und Zöllnern beider Seiten.

Forschen Ton waren wir schon anderweitig gewohnt, deshalb funktionierte auch der Umgang mit den Staatsdienern an der Grenze problemlos. Diese erste Hürde war genommen. Wie aber würden uns die Tschechen empfangen?

Auch dieses Problem war spätestens gelöst, als wir bemerkten,

Karlovy Vary: Kolonnaden

dass sie uns kaum bemerkten, es sei denn als Käufer in den Geschäften. Der Besuch der Brauerei Plzen bildete zweifellos den Höhepunkt unserer ersten deutsch-tschechischen Kontaktaufnahme, oder besser:

Karlovy Vary von unten nach oben ...

der abschließende Besuch der brauereieigenen Gaststätte.

Sprachbarrieren, wie wir sie befürchtet hatten, gab es nie. Man verständigte sich immer, zugegeben: ein wenig arrogant unsererseits war es schon, dass wir kein Wort Tschechisch sprechen konnten, dafür aber von den Gastgebern in unserer Muttersprache umsorgt wurden.

...und von oben nach unten

So schlimm war es also gar nicht, uns einmal aus der festen Umarmung der heimatlichen DDR zu lösen und den eigenen Horizont ein wenig zu erweitern. Also folgte als nächster Versuch ein individueller Besuch Karlsbads zwecks Einkaufs jeder Menge Oblaten, einiger Flaschen Becherovka und Plzener Urquells.

Als auch dieses Manöver geklappt hatte, war es endlich Zeit, das Zelt einzupacken und der Hauptstadt Prag einen einwöchigen Besuch abzustatten. So vorbereitet, brachen danach alle Dämme und wir wagten uns noch weiter in den wilden Osten hinaus (oder hinein?).

Geschichtchen aus Bruderfreundesland

Wir wagten uns nach Ungarn, mit einem Standard auf den Campingplätzen, der in uns den Gedanken aufkommen ließ, nie wieder einen DDR-einheimischen Platz ohne Not zu besuchen.

Rumänien und Bulgarien folgten als nächste Reiseziele. Dort lernten wir prächtige Menschen kennen, schlossen Freundschaften, wurden beklaut, angebettelt, von Grenzern gejagt, an den Grenzübergängen schikaniert, von einsamen Berghirten herzlich aufgenommen, mit Slibowitz abgefüllt, von stolzen Bulgaren durch alle

Markt im ungarischen Esztergom...

erdenklichen historischen Orte geschleppt, in entlegenen Balkandörfern dem Familienclan vorgeführt und voller Erinnerungen, tiefer Dankbarkeit und unendlichen Erfahrungsschätzen wieder nach Hause entlassen. So verhalf uns Camping zu einer Lebensqualität, die wir nie und nimmer anderweitig unter diesen Bedingungen erreichen konnten.

Wir genossen die Campingfreiheit in vollen Zügen. In Beroun bei Prag zündeten wir mutig ein Lagerfeuer an, wie es alle taten und keiner störte sich daran. Jeden DDR-Brandschutzbeauftragten hätte eine solche Verhaltensweise in den Suizid getrieben.

Unmittelbar hinter der ungarischen Grenze stopften wir uns mit

... Ungewohntes für DDR-Augen

Pfirsichen voll, die wir wahnsinnig überteuert erstanden hatten. Woher sollten wir auch wissen, dass man hier nach westlichem Vorbild seine Preise nach Angebot und Nachfrage festlegte. Erst als man von uns für ein Glas Bier umgerechnet 10 Mark kassieren wollte, verließ uns die anerzogene Naivität.

Wie staunten wir in Bulgarien über die Massen bundesdeutscher Autos – so erkannt am Nummernschild – bis wir feststellten, dass deren Insassen Türken waren, die sich auf der Urlaubsreise ins Vaterland befanden.

Anders als in Ungarn, der CSSR und Rumänien behandelten uns die Bulgaren als Deutsche ohne Ansehen der himmelsrichtlichen Herkunft; das ist uns bis heute in angenehm-sympathischer Erinnerung.

Was dem Bundesbürger das Wort „Mindestumtausch", bedeutete den Ossis das Wort „Höchstumtausch". Der eine musste, der andere durfte. Das hieß für uns einen maximalen Geldumtausch von 20-40 Ostmark pro Tag und Person unterschiedlich je nach sozialistischem Reiseland. Und damit war wenig anzufangen. Also wurde geschummelt, dass sich die Balken bogen. Man musste trotz visafreiem Reiseverkehr bei der

Polizei die Aufenthaltsdauer im jeweiligen Bruderland beantragen und genehmigen lassen. So legte man ein paar Tage wegen des zusätzlichen Geldumtausches drauf und kam auf die maximal erlaubten 30 Reisetage pro besuchtes Land. Zwar wunderte sich die Bankangestellte, dass man 90 und mehr Urlaubstage im Jahr hatte, aber sie musste oder durfte ja keine Genehmigung erteilen.

Unsere Grenzer waren bei der Rückreise besonders scharf auf schriftliche Zoll-Einfuhrerklärungen. Dabei hatten sie hauptsächlich die Ungarnreisenden im Visier. Was blieb dem kleinen Schmuggler übrig, als das Zettelchen mit unwichtigsten Mitbringseln zu füllen, bis nichts mehr drauf passte. Der Zöllner sah, dass man das Papierchen ernst genommen hatte und hieß uns und die aufgeschriebenen Postkarten, einzeln nachgewiesenen Keramiktassen und anderem Tand herzlich willkommen in der Heimat. Die etwas teureren Mitbringsel hatten leider nicht in die wenigen Spalten auf dem Zolldokument gepasst. Das treu deutsch ausgefüllte Zettelchen bewahrte uns vor dem peinlichen Durchwühlen der gesamten Campingausrüstung und der Zöllner ersparte sich diesen auch für ihn lästigen Arbeitsgang. So waren's schließlich alle zufrieden.

Die Tschechoslowakei mit Prag war unser erstes Camping-Auslandsziel. Auf dem Weg dorthin legten wir einen Zwischenstopp in Karlovy Vary ein, parkten das Gespann auf dem riesigen Platz vor der Altstadt und begaben uns auf Wiedererkennungstour in dieselbe. Zurückgekehrt zur Weiterreise empfing uns auf dem Parkplatz ein quirliger selbsternannter Platzwächter und verlangte seinen Obolus für die Bewachung unseres Gefährts. Sein Sohn sperrte zwecks Fluchtvermeidung zahlungsunwilliger Parker die inzwischen improvisierte Platzausfahrt. Gefragt nach dem Preis kam die Antwort: „Deutschland? Zwei Kronen!" „Und Tschechland?" „Eine Koroun!" Nur nicht aufregen, die zwei Kronen machten umgerechnet nur 60 DDR-Pfennige aus. Wir zahlten und fuhren los. Plötzlich rannten Vater und Sohn laut schreiend und gestikulierend hinter uns her. Wir vermuteten Schlimmes, hielten an und erwarteten die Hiobsbotschaft. „Jessus Marija und Josseff", schnappte der Mann nach Luft, „der Hänger!!" So schnell war ich noch nie aus dem Auto raus: „Was ist mit dem Hänger?" „Noch mal zwei Kronen", japste der Wächter und streckte seine Hand aus. Ich merkte, wie eine langsam aufkommende Wut den Schreck aus dem Körper verdrängte, besann mich aber meines Gaststatus und zahlte gern angesichts der Tatsache, dass dem Hänger nichts Arges geschehen war. Jahre später trafen wir den Mann und seinen Sohn wieder. Beide hockten inzwischen in einem Parkhäuschen, kassierten die Einfahrenden ab und sorgten dafür, dass alles seine Ordnung hatte. Auf Beschwerden eines beklauten Touristen reagierten sie mit der lustigen Bemerkung: „Aufpassen musst du auf dein Auto aber schon selbst." Die Krönung war aber, dass der Junge den verzweifelten Touristen klarzumachen versuchte, ohne gültigen Parkschein (der musste in dem ganzen Rummel abhanden gekommen sein) dürfe er den Platz nicht verlassen. Während des ganzen Palavers hielt der Alte in der uns wohlbekannten Geste dem „Sünder" die Hand unter die Nase.

Prag ...

... faszinierte uns immer wieder, wir besuchten die tschechische Hauptstadt fast jährlich, und wenn es möglich war, auch mehrmals.

Da war die Geschichte der goldenen Stadt, die einem auf Schritt und Tritt begegnet und von deren Zeugen man nicht genug zu bekommen scheint. Prag steht für vieles: Musik und Mittelalter, Kafka und Kisch, Bier und Knödel. Wir folgten den literarischen Spuren des Josef Schwejk, genossen alle Klischees über die Stadt und entdeckten auch irgendwann einmal ihre wirklich Seele, die von allem etwas in sich vereint und doch so ganz anders ist.

Als wir noch am Anfang unserer Entdeckungsreise waren, staunten wir über die für uns ungewohnte Weltoffenheit der Metropole: Da saßen Menschen aus aller Herren Länder auf Café-Terrassen, betrachteten, versonnen ihr Getränk schlürfend, die sich dahinschiebenden Touristenmassen auf dem Wenzelsplatz, unter denen auch wir uns befanden. Und zum ersten Mal kam in uns das Gefühl auf, zweitklassig zu sein. Warum eigentlich? Waren es die fehlenden tschechischen Zahlungsmittel, die es uns nicht gestatteten, ebenfalls auf einer der Terrassen Platz zu nehmen? Aber wir durften ja nicht, obwohl wir es gekonnt hätten: ausreichend Tschechengeld tauschen. Oder war es ein jahrelang gelebtes Gefühl, als DDRler immer nur zweitbester Deutscher sein zu müssen. Kleine Erlebnisse am Rande des großen Geschehens untermauerten dieses leichte

Prag: Blick auf den Hradschin

Unwohlsein. Wir trösteten uns schließlich damit, dass es den einheimischen Hauptstadtbewohnern mit uns nicht viel besser zu gehen schien.

Je öfter wir Prag besuchten, umso mehr verflüchtigte sich das negative Gefühl. Schwejk stand uns bei und wir machten aus den Gegebenheiten, wie er, das Beste, tauchten ein in die Mentalität unserer Nachbarn und ließen uns von ihrem kulturellen Reichtum reichlich abgeben.

In Prag genossen wir das internationale Campingpublikum. Den engen Kontakt zu Italienern, Franzosen und sogar Westdeutschen konnte hier niemand unterbinden.

Eines Tages erwischte uns ein Unwetter mit Sturm und Wolkenbruch. Während wir unsere schwimmenden Schuhe aus dem knöcheltiefen Wasser des Vorzeltes fischten, breitete sich über unseren Köpfen ein riesiger Wassersack aus, den wir erst bemerkten, als wir beim Aufrichten dagegenstießen. Trotz aufgeregtem Beseitigen der Schäden entging uns nicht, wie die italienischen Nachbarn ihr Zelt fluchtartig und – wie auch ohne Katastrophenstimmung üblich – laut zeternd in Richtung Stadt verließen. Sack und Pack blieben zurück und erst nach Tagen kam das Pärchen zurück, um sich ein Bild über die Unwetterschäden zu machen.

Prager Impressionen mit Rathausuhr, Tejnskirche und Altneu-Synagoge

Sie hätten sich lieber ein Beispiel genommen an ihrem polnischen Nachbarn, der das Naturereignis laut schnarchend verschlief und sich am nächsten Morgen ohne besonderen Emotionsausbruch seelenruhig mit dem Zusammensuchen seiner sieben Sachen und dem Wiederaufbau seines von den Regenmassen ramponierten Zeltes befasste.

Ein anderes Mal erwischte uns mitten in der Nacht ein Unwetter in der Straßenbahn. Ein lauter Knall, darauf folgende Dunkelheit, und in

Mit dem Klappfix auf dem Campingplatz Beroun

den Wagen eindringende Wasserfluten ließen uns überrascht feststellen, in eine gefährliche Situation geraten zu sein. Auf unserer Flucht ins regenströmende Freie erkannten wir noch schemenhaft einen über der Straße liegenden Baum und eine zappelnde, Blitze zuckende Oberleitung. Wir entrannen dem Chaos pudelnass und landeten in einer Gaststätte, in der man uns erklärte, dass man uns wegen der in wenigen Minuten einsetzenden Sperrzeit nicht mehr aufnehmen könne. Wieder in regennasser Freiheit, bedeutete uns der Schaffner der liegengebliebenen Tram, dass wir sein Gefährt wieder gefahrlos besteigen könnten. Vorsichtig, wegen der immer noch hin und her hüpfenden Oberleitung, krabbelten wir in die Bahn. Kurze Zeit später konnten wir in einen herbeigeorderten Bus umsteigen, der uns sicher in das Camp am Rande der Stadt zurückbeförderte. Dort erwarteten wir wegen der bisher gemachten Erfahrungen ängstlich ein Bild der Verwüstung. Nichts! Alles war heil und in Ordnung. Kein Regen, kein Sturm, kein Gewitter. „Warum seid ihr so nass?", fragte ein bei unserem Anblick verwunderter Nachbar.

Prag war uns stets ein Muss. Da die Plätze in der Hauptstadt aber meist überfüllt waren, wurde Beroun wenige Kilometer von Prag ent-

Später mit Qecki-Caravan, klein, aber schnell

fernt für uns eine Art Dauerbesuchsplatz. Zentrumsnah am Flüsschen Berounka gelegen, bot sich dem Camper jede Menge Platz, zumal in das Terrain ein ehemaliger Verkehrsübungsplatz für Kinder einbezogen worden war. Auf den Inseln zwischen den asphaltierten Sträßchen waren herrlich große Stellflächen entstanden, was die Anlage zumindest für uns zu einem attraktiven Camp werden ließ. Kein Wunder, dass es uns auch dann hierher zog, wenn die Prager Plätze nicht überbelegt waren.

Die Hauptstadt ließ sich über eine nahe Autobahn in wenigen Minuten erreichen. Allerdings strahlte das kleine Beroun mit seinem historischen Marktplatz und der touristisch äußerst interessanten Umgebung selbst genügend Anziehungskraft aus, um hier auch länger zu verweilen.

Hier lernten wir Pavel kennen, einen wissenschaftlichen Mitarbeiter der Prager Universität, der in den Semesterferien auf den Spuren des bedeutenden französischen Forschers Joachym Barradien wandelte. Beruon liegt im Zentrum des nach Barradien benannten geologischen Gebiets. Hier existiert eine Schichtenfolge alter Urgebirge mit reichen Fossilfundstätten. Pavel schleppte zwei französische Studentinnen mit sich herum, die ihr Domizil in Form eines kleinen Wanderzeltes hier auf dem Campingplatz errichtet hatten. Ihr Mentor schlief in seinem Skoda, den er zum gemütlichen Schlafgemach umgerüstet hatte. Sein Wohnzimmer bildeten zwei Parkbänke, die er aus dem Zuschauersitzkreis vor der Freilichtbühne des Camps entführt hatte. Vermutlich weil er wenigstens des Abends nicht unbedingt mit den ständig kichernden Franzosenmädeln verbringen wollte, gesellte er sich zu uns ans Lagerfeuer, was wir gern gestatteten. Die Französinnen hielten sich fern, wie sie überhaupt zu niemandem auf dem Platz Kontakt aufnahmen. Selbst ein freundliches „Guten Morgen" ließen sie unbeantwortet. Vielleicht lag es auch an den neugierigen Blicken der überwiegend aus der DDR stammenden Camper, die vermutlich wie wir zum ersten Mal derartige westliche Exoten live und unbewacht erleben durften.

Dafür gestaltete sich das Zusammensein mit Pavel umso amüsanter. Der Mann war eine Mischung aus Speijbl und Hurvinek. Dazu trugen nicht nur seine riesigen abstehenden Ohren bei, sondern auch die Art zu reden. Er stellte pfiffige, schelmisch verpackte Fragen und beantwortete sie im nächsten Moment ernsthaft, doch nicht ohne leisen ironischen Unterton. Anders als Speijbl war Pavel aber keinesfalls begriffsstutzig oder gar hartköpfig. Im Gegenteil, er besaß viel von der Durchtriebenheit eines Hurvineks, wie sich in jeder seiner Äußerungen dokumentierte. Jedenfalls hatten nicht nur wir, sondern auch andere Mitcamper eine stille Freude an dem Mann. Er schien es sich zur Aufgabe gemacht haben, uns Ausländer seine Heimat nahe zu bringen, in der Hoffnung, wie er sagte, dass wir recht oft wieder herkommen möchten. Von ihm erfuhren wir, dass Beroun die lateinische Benennung von Verona war, wie das einst deutsche Bern, im Tschechischen Berona, Berún und Beroun genannt.

Pavel liebte es, uns seine Tschechei anhand von Sagen und Legenden zu präsentieren. Dementsprechend war die Aufmerksamkeit, mit der seine Zuhörer lauschten. Nicht nur die Kinder, auch die Erwachsenen begeistere der Uni-Lehrer mit seiner Freiluftvorlesung in Sachen tschechischer Geschichte. Von ihm erfuhren wir, dass der Ursprung von Prag auf die slawische Prinzessin Libuše zurückgeht. Libuše und ihr Ehemann, Prinz Přemysl, regierten einst über die tschechischen Lande vom Hügel Vyšehrad aus. Eines Tages stand die Prinzessin an einer Klippe, schaute auf die Moldau und zeigte auf einen bewaldeten Hügel auf der anderen Seite des Flusses: „Ich sehe eine große Stadt, deren Ruhm bis zu den Sternen reichen wird." Sie gab ihren Leuten Anweisung, ein Schloss an der Stelle zu errichten, wo ein Mann gerade dabei war, die Schwelle zu einem Haus zu legen. Schwelle heißt auf Tschechisch „práh".

Selbst über die Herkunft des Herrscherpaares hatte Pavel eine Erklärung: Zu dem Zeitpunkt als Libuše noch unverheiratet und Alleinherrscherin der Slawen war, wurde sie nach einer ihrer Entscheidungen von einigen Männern aus ihrem Gefolge beschimpft, dass sie zwar Zöpfe, aber keinen Verstand hätte. Daraufhin bestimmte die Fürstin den Ackermann Přemysl zu ihrem Ehemann. Ihre Boten fanden ihn beim Pflügen seines Feldes und beriefen ihn von dort auf den Thron. Weil er aber mit dem Pflügen noch nicht fertig war, prophezeite er, dass das tschechische Volk noch häufig hungern müsse. So begründete sich im 7. Jahrhundert die erste böhmische Herrscherdynastie.

Pavel wurde nicht müde, seine Geschichten zu erzählen, und wir waren begierig, aus dem Munde eines Tschechen mehr zu erfahren, als in unseren Geschichtsbüchern verzeichnet war. Wir hatten von Jan Hus gehört als eine Art böhmischer Martin Luther. Und tatsächlich hatte auch er die tschechische Schriftsprache vereinheitlicht. Für sein Volk war er aber mehr, man verehrte ihn als Vertreter der nationaltschechischen Sache wegen seines Kampfes für die Rechte der Tschechen.

Wir erfuhren, dass die Schlacht am Weißen Berge von 1620, ein Ereignis des 30-jährigen Krieges, bis heute eine lebendige Bedeutung im Gedächtnis des Volkes hat. Sie endete nach knapp zwei Stunden mit dem Sieg der kaiserlichen Truppen und der katholischen Liga über die pfälzisch-böhmische Armee. König Friedrich floh und 27 Anführer des Aufstandes wurden hingerichtet. Die Schlacht setzte sich im Volksgedächtnis als der Beginn von verlorener nationaler Unabhängigkeit, von Unterjochung, Unfreiheit und Demütigung des tschechischen Volkes fest.

Die trotz der schlimmen Ereignisse optimistische Mentalität der Menschen lässt die Legende vom silbernen Fisch deutlich werden: Ein reicher Mann namens Myslík musste nach der Schlacht am Weißen Berg Prag verlassen. Er schmolz sein wertvolles Silber in einer fischförmigen Lehmform ein und versteckte den Silberfisch in einer Wand des Hauses.

Jahre später lebte ein neuer Mieter in dem Haus. Eines Tages befahlen ihm die Stadtväter, das alte Gebäude niederzureißen und ein neues zu bauen. Dem Mann mangelte es aber am Geld für ein solches Unterfangen. Verzweifelt wollte er das Haus verlassen, als Myslíks Silberfisch aus der beschädigten Wand fiel. Der wertvolle Fund erlaubte es dem Mann, die Auflage der Stadtväter zu erfüllen. Die Moral der Geschichte besagt, dass des einen Unglück immer zum Glück eines anderen führen kann und wir deshalb niemals die Hoffnung aufgeben sollten.

Die Nacht am Lagerfeuer mit Pavel wurde lang. Mit Rabbi Löw und Golem gruselten wir durch Prag. Rübezahl drohte aus dem Riesengebirge und der mythische Führer Cech ließ uns erleben, wie ein Volk zu seinem Namen kam. Sagen und Legenden lehren uns mehr von der Mentalität eines Volkes als es alle hochtrabenden Erklärungen tun können. Und Pavel lehrte uns, dass wir uns in unseren Sehnsüchten und Wünschen eigentlich in nichts unterscheiden.

Trotz aller offenen und versteckten Bemühungen, einen Themenkreis ließ Pavel ausgespart: Über Politik und politische Ereignisse sprach er nie, zumindest nicht zu uns. Einem zufälligen Umstand ist es zu verdanken, dass er sich zum für jedermann spürbaren Spannungsverhältnis zwischen Tschechen und Slowaken äußern sollte. Schuld daran war Vladimir, ein Slowake aus „Martin, zu deutsch ehemals Sankt Martin und ungarisch Turócszentmárton". Die Form, in der sich der Mann der Lagerfeuerrunde mit dieser seltsamen Art der Benennung seines Wohnortes vorstellte, verlangte förmlich nach einer näheren Erklärung. Und so dauerte es auch nicht lange, bis sich die beiden Brudervölker gleicher Abstammung mit gemeinsamer Vergangenheit und ähnlicher Sprache nicht zurückhielten und in feiner Art zu sticheln begannen.

Die Tschechen ließen gerne raushängen, dass die Slowaken wirtschaftlich auf sie angewiesen seien und sie nicht nur geographisch näher am Westen lägen. So jedenfalls meinte Vladimir, das „brüderliche" Verhältnis kurz zu umschreiben. Für die Tschechen hätte sich das Akzeptieren einer tschechoslowakischen Nation nie als Problem dargestellt, entgegnete Pavel. „Ja, wenn sie die dominante Rolle spielen konnten", wollte sich Vladimir nicht verkneifen. „Während für euch der Übergang zu einer tschechoslowakischen Staatlichkeit fließend war, stellte er für uns Slowaken einen scharfen Einschnitt zwischen einer tausendjährigen ungarischen Vergangenheit und einer tschechoslowakischen Zukunft dar." In diesem Sinn ging die Diskussion zwischen den beiden mal launisch-ironisch, mal ernst und fast aggressiv weiter. Wir Zuhörer erhielten einen winzigen, aber aufschlussreichen Einblick in die Seele eines Volkes, über deren Befindlichkeiten wir uns kein Urteil anzumaßen vermochten.

Auf beiden Seiten hatten sich Vorurteile gegenüber der jeweils anderen Nation im gemeinsamen Staat vertieft. Die Tschechen verübelten den Slowaken deren Separatismusbestrebungen, zu denen sich in den Jahren des Zweiten Weltkrieges das Gefühl des slowakischen Verrats gesellte. Auf slowakischer Seite herrschte dagegen das Gefühl des tschechischen Wortbruchs wegen der nie vollzogenen gleichberechtigten Entwicklung und der Übervorteilung, derzufolge die Tschechen den gemeinsamen Staat benutzten, um die Slowaken ständig in den Hintergrund zu drängen und sie systematisch zu betrügen.

Dieses historisch begründete Spannungsverhältnis hätte beinahe unsere abendliche Lagerfeuerromantik zerstört, wären unsere Streithähne nicht in tiefster Seele harmoniebedürftige und von liebenswerter Schlitzohrigkeit geprägte Tschechoslowaken gewesen, denen ein gutes Bier vor und nach dem Essen, unterlegt von geistreichen Disputen, wichtiger als alle Politik gewesen wäre.

Eines Tages schleppte uns Pavel in eine kleine Gaststätte am Rande der Stadt mit der Begründung, dass wir nur hier die wahre tschechische Küche kennen lernen könnten. Gern ließen wir uns verführen. Damals konnten wir noch nicht ahnen, dass wir nunmehr jedes Mal, wenn wir in der Gegend weilten, einen zwingenden Abstecher in den „Alten Herzog", so nannte sich das Gasthaus damals, machen mussten. Hier kochte Maria, eine kleine, dickliche, körperlich gewordene Gemütlichkeit. Ihr Mann Jozef versteckte seinen riesigen Vorderleib hinter einer langen Lederschürze. Auf dem Kopf thronte eine kleine runde, krempenlose Mütze, unter der er die fehlende Haarpracht verbarg. „Jessus Marija und Josseff", hörte ich in Gedanken den Parkplatzwärter in Karlovy Vary schnaufen. Könnte er die beiden hier gemeint haben? Sicher nicht. Maria wirkte uneingeschränkt in ihrem Küchenreich und Jozef regierte in Gaststube und Keller. Er schien Gefallen an uns gefunden zu haben, nicht zuletzt durch Pavels nette Einführung in das Reich des „Alten Herzog". Von ihm erfuhren und erschmeckten wir, was unter böhmischer Küche zu verstehen ist. Das sind in der Regel üppige Mahlzeiten, die oftmals fast in leckerer Sauce ertrinken. Muss ja auch so sein, schließlich hatten die Böhmer die Knödel erfunden, große, weißgelbe, poröse Scheiben, die selbst nicht viel Geschmack haben, dafür aber prima die Unmengen an Sauce aufnehmen können.

Als Vorspeise servierte Jozef Tresčí játra, Dorschleber, zur Auswahl Schinkenröllchen und eine Käseplatte. Pavel empfahl die Rindfleischsuppe mit Leberknödeln. Das Hauptgericht bildete ein Lendenbraten aus Rinderfilet mit Schlagsahne und Preiselbeeren serviert, dazu kamen reichlich sämige Sahnesauce und Böhmische Knedlíky. Der Braten war im portionsgerechten Stück angerichtet. Zur Geschmacksverfeinerung hatte Maria das Fleisch zuvor einige Tage mariniert, wie sie uns später verriet. Dazu hatte sie es gespickt, mit Gemüse, Zwiebelwürfeln, Pfefferkörnern und Lorbeerblatt in einer Kasserolle mit zerlassener Butter übergossen und kalt abgestellt.

Obwohl wir eigentlich an dieser Stelle schon nudelvoll waren, führte an der Nachspeise kein Weg vorbei. Palacinky gefüllt mit Erdbeeren und Schlagsahne, dazu Medovnik, Honigkuchen, bildeten den Abschluss. Traditionsgemäß wurde das Ganze mit einem Pilsner Urquell, hefetrüb vom Fass, gekrönt. Unser Sohn zog die süße Variante der Knödel vor. Es handelte sich dabei um einen Topfenteig, den Maria mit Zwetschgen gefüllt und im gesalzenen Wasser gekocht hatte. Beim Servieren streute sie noch Mohn und reichlich Puderzucker drüber und beträufelte das Ganze mit brauner Butter.

Bei späteren Einkehren lernten wir weitere gastronomische Leckerbissen aus Marias heiliger Küche kennen: Gegrillte Schweinshaxen mit Bratkartoffeln und Sauerkraut; Biergulasch mit Semmelknödeln; Böhmischen Schweinebraten mit hausgemachten Kartoffelknödeln und Sauerkraut; panierte, gebratene Käseschnitzel, gefüllt mit Prager Schinken und mit Tatarsauce – eine Art Mayonnaise mit Kräutern – serviert.

Wie oft wir später bei Maria und Jozef einkehrten, haben wir nicht gezählt. Selbst wenn wir uns nur auf der Durchreise befanden, unser biblisches Gastleutepaar stand immer auf der Stationsliste. So oft wir

Vor den Bergen der Tatra

Spissky Hrad, die Zipser Burg   *Bratislava*
in der Slowakei

auch kamen, die Begrüßung der liebenswürdigen alten Leutchen fiel von Mal zu Mal herzlicher aus.

Um zu unseren Fernzielen in Bulgarien und später an den Zemplinsker Stausee nahe der slowakisch-russischen Grenze zu gelangen, durchquerten wir im Laufe der Jahre die damalige CSSR einige Male und erinnern uns noch heute gern an die Campingplätze, die wir anfuhren. Sie waren sauber und gepflegt, sieht man einmal vom damaligen Zustand der Sanitäranlagen ab, und hatten noch das gewisse Etwas, was das Campingleben so einmalig macht. In besonderer Erinnerung blieben uns die vielen Lagerfeuer-Abende und das gute tschechisch-slowakische Bier, welches selbst im fernsten Winkel des Landes in ausgezeichneter Qualität gebraut wurde.

Von Prag aus legten wir die nächste Etappenpause bei Brno, Breslav oder Bratislava ein. Gern campten wir auch in Plumlov, Vavrisovo oder irgendwo in der Hohen Tatra. Es war völlig ungefährlich und zudem billig, irgendwo „wild" zu übernachten, was wir sehr häufig praktizierten.

Ungarn ...

... nannte man die fröhlichste Baracke im sozialistischen Lager. Das mochte auch daher rühren, dass das Land mit seiner Piroska-Romantik und seiner Farbigkeit den Eindruck ausgelassener Lebensfreude hinterließ. Und über allem schien eine strahlende Sonne. Der unverkennbare Drang der Menschen, sich nicht von Westeuropa abkoppeln zu lassen, war an vielen Äußerlichkeiten erkennbar: knallige Werbung, wie wir sie nur aus dem Westfernsehen kannten, bunte Schaufensterauslagen mit Angeboten westlicher Produkte – so sagten es jedenfalls die Markennamen, und das alles für einheimische Währung! Da hieß es für uns Einkaufen, solange die Forint reichten. Aber die reichten nie. Wohlweislich hatten unsere Partei- und Staatsoberen dafür gesorgt, dass der Höchstumtausch für Ungarn an der niedrigsten Stelle im sozialistischen Reisebereich angesiedelt blieb. Trotzdem – wir mogelten einfach ein paar Reisetage mehr auf die Liste und schon wurde alles erträglicher. Was schleppten wir an Schallplatten, Büchern, Kosmetika, Paprikaschoten und sonstigem Zeug mit nach Hause – Ungarn, das Einkaufsparadies und gleichzeitig das teuerste Pflaster für Ossitouristen. Doch nicht nur für die! Ein in Ungarn lebender Freund von uns übte gleichzeitig drei Tätigkeiten aus, um seiner Familie einen angemessenen Unterhalt zu bieten: Lehrer am Gymnasium, Übersetzer von Schulbüchern und Sprecher im deutschsprachigen Rundfunksender.

Als wir die ersten Campingplätze im Land anfuhren, getrauten wir uns nicht auf die parkartig angelegten Rasenflächen, weil wir dachten, sie seien nur der optischen Erbauung vorbehalten, bis wir erkannten, dass es sich um Campingstellplätze handelte.

In Budapest sahen die Camps nicht ganz so gepflegt aus, was hauptsächlich daran lag, dass die Stadtplätze sehr stark frequentiert waren.

Campingplatz Kecskemét

Lange Wartezeiten an der Rezeption gehörten einfach dazu.

Anders in Kecskemét auf dem Platz neben dem Thermalbad. Hier empfing man uns in einer Rezeption, die manch einen gleichnamigen Hotelempfang schäbig aussehen ließ. In Kecskemét war es auch, dass wir uns einmal hämisch freuen durften, Ossis zu sein: Beim Ausfüllen des Papierkrams wurden die Wessis in den Wahnsinn getrieben, während wir mit einfachem Personalausweis die Schranke passieren konnten.

Unsere Campingbehausung stand lange, ehe die vor uns angereisten Bundis sich ein Stellplätzchen aussuchen durften. Aber nicht alle, einige wurden wegen der Tatsache zurückgewiesen, dass ihnen der letzte

Aufenthalt in einem Hotel oder auf einem Campingplatz nicht amtlich abgestempelt worden war. Meistens waren es wir DDRler, die von den Ungarn wegen der fehlenden Devisen, aber auch wegen innersozialistischer Vorbehalte nicht immer brüderlich behandelt wurden.

In Ungarn verließen wir den Campingplatz in Kecskemét und gerieten nach wenigen Kilometern in ein dichtes Gewühl von Menschen, Tieren, Pferdewagen und sonstigen Fahrzeugen. Wir waren auf einem Pferdemarkt gelandet, was uns veranlasste, das Gespann zu parken und uns unter die Massen zu mischen. War das spannend: die vielen Pferde, feilschende Männer in ihren bäuerlichen Trachten, die im Folklorelook gekleideten Frauen und Mädchen. Wir sogen das für uns exotisch wirkende Bild auf, ließen uns mit allen Sinnen auf das Treiben ein.

Aber die Zeit drängte, wir mussten weiter, also zurück zum Auto. Dort erwartete uns eine weniger angenehme Überraschung. Auf dem Klapphänger hockte ein etwa 16-jähriger Knabe, der mit einem Gleichaltrigen, vor ihm Stehenden schon längere Zeit an einer Flasche nuckelte, deren Inhalt mit Sicherheit nichts Alkoholfreies zu sein schien, wie man den Bewegungen der beiden entnehmen konnte. Am Klappi hatten die Jungen ein Pferdchen angebunden, das sie vermutlich beaufsichtigen mussten. Ich bat den auf meinem Hänger Sitzenden höflich herabzusteigen, was der mit einem breiten Grinsen einfach ignorierte. Selbst wiederholte und stimmliche sowie mimische Nachdruckforderungen blieben erfolglos. Inzwischen hatten sich einige Zuschauer und -hörer eingefunden, die fröhlich ihre Kommentare abgaben, die wir leider oder glücklicherweise nicht verstehen konnten.

Was blieb mir übrig? Handgreiflich werden, würde unberechenbare Folgen auslösen. Also einsteigen und losfahren. Gedacht, getan. Ich gab dem Lada die Sporen, der ruckte an und warf den Knaben mitleidslos ab. Es gelang uns, der gestikulierenden Meute zu entkommen, bis ich merkte, dass der Gaul noch angebunden hinter uns hertrabte. Mir fiel ein, dass ich irgendwo einmal gelesen hatte, dass Cowboys nicht viel Federlesens mit Pferdedieben machenn. Warum sollte das hier anders sein? Also fuhr ich auf Umwegen zurück in die Stadt, fand den Campingplatz wieder und band das Pferdchen vor der Rezeption an eine Stange. Der Platzwart starrte mich mehr als verwundert an, ich zuckte lächelnd mit den Schul-

Die Hortobágy-Puszta

tern und machte mich mit der Familie schleunigst aus dem Staube. Von nun an befürchteten wir an jeder Ungarngrenze bangend eine Verhaftung wegen Pferdediebstahls. Irgendwie haben die Ungarn unsere Eskapade wohl nicht wichtig genommen. Jedenfalls wurden wir an den ungarischen wie an jeder anderen Grenze sozialistisch korrekt behandelt.

Die Puszta, genauso hatten wir sie uns vorgestellt, endlos, kahles Grasland, kleine Bauminseln in der Ferne, grasende Tiere – und die typischen Ziehbrunnen. Die wilden Csikos, wie die Pferdehirten genannt werden, lernten wir erst später kennen. Jetzt suchten und fanden wir die 167 m lange Neun-Bogen-Brücke in der Hortobágy-Puszta mit der weltberühmten Czsárda aus dem 17. Jahrhundert. Hier wollten wir uns ein kulinarisches Puszta-Erlebnis gönnen. Zuerst hieß das Zauberwort aber „Pepsi-Cola". Dieses Getränk kannten wir aus dem Westfernsehen, hier konnte man es einfach so bestellen, was wir auch taten. Angesichts des Preises, den wir nach dem anschließenden Genuss eines ungarischen Kaffees errechneten, verzichteten wir auf die Verwirklichung des geplanten kulinarischen Genusses und ersetzten ihn durch einen ausgedehnten Augenschmaus.

Ziehbrunnen in der Puszta

Jetzt kommen die Csikos ins Spiel. Wir waren etwa eine Stunde durch die Puszta gewandert, nahmen Kurs auf einen in der Ferne auftauchenden Ziehbrunnen, als uns ein paar der wilden Gesellen, allerlei Kunststückchen auf dem Rücken ihrer Pferde vollführend, in Schrecken, Angst, Erstaunen und Bewunderung – in dieser Reihenfolge – versetzten. Wie sie aufgetaucht waren, so schnell waren sie auch wieder verschwunden. Jetzt brauchten wir einen kühlen Trunk.

Da kam uns der Ziehbrunnen gerade recht. Wir konnten jedoch nicht an ihn heran. Zwei gefährlich aussehende Hirtenhunde schauten uns an, als hätten sie etwas gegen unseren Besuch. Wo Hunde waren, musste auch ein Herrchen sein, dachte ich mir und entdeckte in einiger Entfernung hinter dem Brunnen einen Pfeifchen rauchenden Alten, der uns amüsiert zu mustern schien. „Kommt näher", deutete ich seine Handbewegung, was die Hunde vermutlich auch so verstanden hatten. Sie beäugten uns zwar misstrauisch, rührten sich aber nicht von der Stelle. Seltsam, dass ich den alten Mann vorher in der Ebene einfach übersehen konnte. Vorsichtig an den Hunden vorbei gingen wir zu dem Alten hinüber, der aber mit jedem Schritt weiter von uns wegzurücken schien.

Neunbogenbrücke in der Hortobágy

In der Czsárda an der Neunbogenbrücke

Puszta-Bewohner

Viehgatter

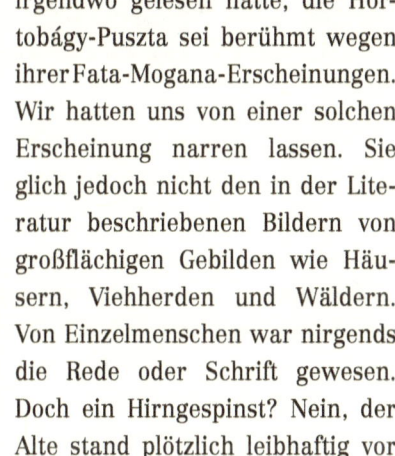

Jetzt war es Zeit, an Überirdisches zu glauben, bis mir einfiel, dass ich irgendwo gelesen hatte, die Hortobágy-Puszta sei berühmt wegen ihrer Fata-Mogana-Erscheinungen. Wir hatten uns von einer solchen Erscheinung narren lassen. Sie glich jedoch nicht den in der Literatur beschriebenen Bildern von großflächigen Gebilden wie Häusern, Viehherden und Wäldern. Von Einzelmenschen war nirgends die Rede oder Schrift gewesen. Doch ein Hirngespinst? Nein, der Alte stand plötzlich leibhaftig vor uns, redete hör-, nicht aber verstehbar auf uns ein und schleppte und in eine zeltartige, aus Zweigen geflochtene Unterkunft, die ich vorher bereits von Weitem wahrgenommen und für den Teil eines Freizeitmuseums gehalten hatte.

Die Hirtenhunde waren uns gefolgt, ließen sich jetzt sogar kraulen und bekundeten auf diese Art, dass sie uns zu akzeptieren geruhten. Eigentlich müsste es jetzt weitergehen mit einem Gulaschgelage aus dem berühmten Kessel. War aber nicht. Unser Gastgeber reichte uns frisches Wasser, Brot und daumendicke rote Würstchen. Da wir uns das Menü in der Czsarda versagt hatten, kam das Angebot jetzt sehr recht. Herzhaft

Puszta-Gehöfte

griffen wir zu, bissen in die Wurst und schossen kerzengerade in die Höhe. „Scharf" ist untertrieben für das, was unsere Geschmacksnerven verkraften mussten. Der Alte lachte Tränen, wie sie uns aus anderen Gründen aus den Augen schossen. Trotzdem verabschiedeten wir uns in herzlicher Zuneigung nach dem feudalen Mahl und erholten uns auf dem Rückweg zum Auto so leidlich. Den roten Würstchen sollten wir später in der anderen, der Bugac-Puszta wieder begegnen.

In einer Czsarda gerieten wir mitten in eine Familienfeier, deren Gastgeber uns nicht ohne eine Abfütterung entrinnen lassen wollten. „Bográcsgulyás" nannten sie das Gericht, dessen Zubereitung wir neugierig miterleben durften. Allerdings sei dieser Debrecziner Gulasch eine besondere Art des Kesselgulasch, wie sie uns das komplizierte Wort „Bográcsgulyás" übersetzten. Statt des sonst verwendeten Rindfleisches wurde für diese Gulaschart in kleine Stücke geschnittene Debrecziner Wurst genommen, wobei wir wieder bei den Würstchen unseres Hortobágy-Hirten gelandet waren. Die freundlichen Gastgeber erklärten uns die Zusammensetzung der kleinen scharfen, roten Dinger: Debrecziner sind leicht geräucherte Würstchen aus grobem Schweinefleischbrät

Hirtenunterkunft

mit edelsüßem Gewürzpaprika, scharfem Paprika und Chili gewürzt. Im Gegensatz zu lang geräucherten Wurstsorten, die beim Kochen hart werden, bleiben Debrecziner auch nach längerer Garzeit weich und saftig.

Für den oder das Gulasch selbst wurden feingehackte Zwiebeln, etwas Kümmel, gehacktem Knoblauch und Paprikapulver glasig gedünstet, zu den in Schweineschmalz angebratenen Wurststücken hinzugegeben und mit etwas Wasser aufgefüllt. Später kamen in kleine Würfel geschnittene rohe Kartoffeln, zerkleinerte Paprikaschoten und Tomaten hinzu und wurden unter Zugabe weiteren Wassers weichgekocht. Gegen Ende des Garprozesses wurden aus einem von Ei und Mehl gekneteten und ausgerollten festen Teiges kleine Stückchen gezupft und in der Eintopfsuppe mitgekocht.

Ungarn ist ein erstaunliches Land. Wir erwarteten flache Ebenen und staunten bei Eger nicht schlecht über Serpentinenstraßen, wenn auch nicht mehr so schlaglochfrei wie auf den Transitstraßen und rund um Budapest. Überhaupt: Budapest! Für uns die schönste und aufregendste Hauptstadt der von uns bereisten Bruderländer. Wiederholt machten wir auf der Durchreise nach und aus Bulgarien Zwischensta-

Anstehen vor der Einfahrt in den Campingplatz

tion auf dem Budapester Campingplatz Romai Part. Das Camp, fest in ostdeutscher Besucherhand, war stets überfüllt und deswegen auch nicht sonderlich gepflegt, oder besser, ziemlich abgewohnt. Ehe man den Platz befahren konnte, musste man lange Zeit vor der Rezeption anstehen. Hatte man endlich eingecheckt, begann die Stellplatzsuche.

Platz sichern und Klappi aufbauen

Längst hatten es die Verantwortlichen aufgegeben, die Platzbelegung zahlenmäßig zu erfassen. Weder gab es eine Einweisung, noch eine Platzbesichtigung vor dem Ausfüllen der Anmeldeformulare. Es klingt verrückt, aber wir fanden immer das letzte freie Plätzchen in irgendeiner Ecke.

Da konnte es schon einmal vorkommen, dass der Auspuff eines defekten Pkws minutenlang in den Zelteingang röhrte und einen Aufenthalt ohne ernsthafte Erstickungsgefahr im eigenen Zelt unmöglich machte. Die netten Besitzer des Autos erklärten naiv-frech, dass sie den

Motor nicht abstellen könnten, weil das Wägelchen sonst nicht mehr anspringen würde. Hier half nur rigorose Eigeninitiative. Da keiner der belästigten Camper ins Innere des Trabbis gelangen konnte, um den Stinker abzustellen, blieb nur eine Kartoffel im Auspuff als letzte Rettung. Alles wartete gespannt auf das Ergebnis des Rettungsversuchs, doch der Pappkamerad spuckte die Knolle einfach wieder aus. Allerdings hatten seine Besitzer inzwischen bemerkt, dass sich eine gegnerische Front zu formieren begann und sie beendeten die Gestankorgie von sich aus freiwillig, nicht ohne zu guter Letzt noch alle Umstehenden dafür verantwortlich zu machen, falls sie nunmehr nie wieder den Campingplatz verlassen könnten.

Da wir uns während des Aufenthaltes in Budapest tagsüber und in den Nachtstunden sowieso nur in der Stadt umhertrieben, berührte uns das Platzgeschehen wenig. Man schlief morgens lange aus, suchte ein Waschplätzchen im Sanitärgebäude und verzog sich nach dem späten Frühstück mittels HÈV, der S-Bahn, in Richtung Stadt. Vom Deák tér aus konnte man per U-Bahn fast jede Ecke der Stadt erreichen. Das Auto musste stehen bleiben, wollte man den Parkplatz abends nicht besetzt vorfinden. Dass wir es trotzdem wagten, die Umgebung der ungarischen Hauptstadt mit dem Pkw zu erkunden, grenzte schon an Leichtsinn. Trotzdem fanden wir abends immer ein Lückchen, in dem wir unseren Lada unterbringen konnten, und sei es mit den Vorderrädern auf der Plane des neuen Zeltnachbarn.

An einem Morgen weckte uns ein lauter Schrei aus dem Tiefschlaf. Verschlafen krabbelten ebenfalls geweckte Figuren aus ihren Behausungen. Alles schaute sich ratlos um, bis ein zweiter Schrei die Richtung zur Befriedigung der Neugierde wies. In Eingangsnähe stand ein rollendes Bushotel mit den bekannten Kaninchenbuchten, auch Schlafkabinen genannt, in denen die Reiseunternehmen ihre Gäste durch die Gegend schaukelten. Im Anhänger des fahrenden Hotels hatte ein neugieriger Frühaufsteher eine blutüberströmte Leiche entdeckt. Die herbeigerufene Platzleitung, bestehend aus einigen jungen Aushilfsstudenten, sauste kopflos durch die Gegend und rief endlich die Polizei. Inzwischen hatten einige Camper ihre Gefährte gepackt und machten sich aus dem Staube. Unannehmlichkeiten im Ausland, das hätte ihnen gerade noch gefehlt.

Wir blieben, eine Abreise ohne Frühstück kam nicht infrage. Obwohl rings um das Bushotel eine weite Absperrung wegen des Freilaufs der Bustouristen gezogen war, sperrten die Polizisten den Tatort erst noch einmal weiträumig ab. Dann angelten sie sich den Reiseleiter und den Fahrer des westdeutschen Touring-Unternehmens, die noch in Schlafanzügen steckten, wie die meisten der inzwischen auf Volksversammlung angewachsenen Menschentraube und unterzogen sie einem strengen Verhör.

Laut lachend kamen alle von der Besichtigung des Schreckensortes zurück. Ein Sprecher erklärte der Menge, dass es sich bei der Leiche um eine Schaufensterpuppe handle. Man brauche die Attrappe für ein Detektivspiel, welches im Reiseangebot enthalten sei und im rumänischen Sighisoara abgehalten werden sollte. In der Stadt sei 1431 Vlad Tepes, angedichteter Dracula, geboren. Und ein bisschen Grusel braucht der Ostreisende nun einmal.

„Die spinnen, die Westler", kommentierte ein Leipziger die Erklärung, griff sich an die Birne und verschwand in seinem Zelt. So richtig lachen konnten auch wir nicht über das Ereignis, schon gar nicht über die Erklärung, dass der ostreisende Westler seine tägliche Ration Grusel benötige.

Bereits bei unserem ersten Aufenthalt auf Romai lernten wir den Exilungarn Csaba kennen. Er war irgendwann einmal in die Bundesrepublik ausgewandert und durfte seit einiger Zeit von den Behörden unbehelligt wieder in die Volksrepublik einreisen. Ihn trieben Geschichtsforschungen um, allerdings illegale und, bedenkt man es genau, auch ein wenig verrückte. In einer westdeutschen Zeitung hatte er gelesen, dass nach neuesten Forschungen in der unweit des Campingplatzes gelegenen einstigen Römerstadt Aquincum bei Óbuda der sagenhafte Hunnenkönig Attila seinen hölzernen Palast gehabt haben sollte. Nach Attilas Tod soll der Herrscher in ineinander geschachtelten Särgen aus Eisen, Silber und Gold an einem geheimen Ort zwischen Theiss und Donau begraben worden sein. Seither suchen ganze Völkerscharen die Grabstelle, jeder Ort in Ungarn meldet seinen historischen Anspruch an, ohne allerdings Beweise vorlegen zu können.

Neuerdings vermuten manche das Grab der „Geißel Gottes" hier in Budapest. So auch Csaba. Jeden Tag verbrachte er in der Zivilstadt, Municipium, deren Überreste im Ruinengarten Aquincum zu sehen sind.

Das ungarische Parlamentsgebäude

Fischerbastei mit Matthiaskirche   *Elisabethbrücke*

Heimlich buddelte er abseits der Ausgrabungsstelle mit einem kleinen Schaufelchen in der sicheren Annahme, irgendwann fündig zu werden.

Die Gespräche mit Csaba waren immer recht erbaulich, sodass es mir schwerfiel, seine Leidenschaft zu belächeln. Die hatte übrigens ihre tiefere Ursache in seinem Vornamen Csaba. So soll der Sohn Attilas geheißen haben, allerdings sind die Namen der beiden Hunnen noch heute in Ungarn recht beliebte Vornamen. Insofern ist Csaba kein Sonderexemplar. Von ihm erfuhr ich viel über die Geschichte des Landes und auch ein wenig über die Mentalität seiner Bewohner. Ich wollte beispielsweise wissen, warum Ungarn so viele verschiedene Landesnamen in der Welt hat. Die Erklärung war einfach. Die Prinzen Hunor und Magor hätten sich vor Urzeiten hier in der Gegend ihre Frauen geraubt. Hunors

Nachfahren nannten sich seitdem Hunnen und Magors Magyaren. Da die römische Provinz einst Pannonien hieß und Óbuda die alte Hauptstadt gewesen sein soll, blieb auch davon ein sprachlicher Rest übrig. Woher die Bezeichnung Hungaria käme, könne ich mir ja nun selbst erklären. Die tiefere Ursache sah Csaba aber in dem Sprachengewirr, welches an Attilas Hof als das Zentrum eines Vielvölkerstaates geherrscht hatte. Er setzte noch eine Erklärung drauf: In jedem Ungarn wohnen zwei Magyaren. Mit Pannonien meint er sein westliches und mit Hunnien sein östliches Ich.

Während unser Sohn sich tagelang mit den Budapester Verkehrsmitteln beschäftigen konnte, durchstreiften meine Frau und ich die Metropole. Er interessierte sich für Seil- und Zahnradbahn, Sessellift, Busse, Straßenbahn, O-Bus, Metro und HÉV. Wir waren als gelernte Ostler auf Einkaufsjagd. Wenn es nur ums Geld etwas besser bestellt gewesen wäre. Die knappe Finanzausstattung bedauerten wir spätestens beim Innenanblick der riesigen Markthalle. Trotzdem konnten wir nicht jammern, anderen ging es noch schlechter, hauptsächlich den Einheimischen.

Kaffeehaus Gerbeaud

Als die Einkaufswut einigermaßen eingedämmt war, kamen die unvergleichlichen Sehenswürdigkeiten der Donaumetropole dran. Daran erinnert noch heute eine gewaltige Postkartensammlung, kaum eine Karte ohne Kettenbrücke. Auf der trafen wir eines Nachmittags unseren Sohn. Dass just in diesem Moment ein Panzer das historische Wunderwerk überqueren wollte, war reiner Zufall. Wir tauschten uns noch empört über diesen Frevel aus, als plötzlich ein Tumult unsere Aufmerksamkeit auf sich zog. Einige hauptsächlich junge Leute begannen, sich zu einer Menschenkette zu formieren. Ehe wir klare Gedanken fassen konnten, waren wir mittendrin. Die lebende Panzersperre schaffte es tatsächlich, den Stahlkoloss zum Stehen zu bringen. Einige Minuten standen sich Mensch und Gerät gegenüber, dann heulten die Sirenen der Polizeifahrzeuge heran. Im Nu hatte sich die Kette aufgelöst.

Flusslandschaft am Donauknie

Zuerst musste ich an die einstmals populäre ungarische Fernsehserie „Vier Panzersoldaten und ein Hund" denken, aber dann kamen mir die hässlichen Bilder einer längst vergessen geglaubten Zeit wieder in den Sinn. Der Panzer drehte bei, die Menschen gingen ihrer Wege und die Polizisten standen noch eine Weile wichtig im Gelände herum. Ich stellte mir vor, so etwas wäre zu Hause bei uns geschehen. Undenkbar, zumindest damals! Die Ungarn sind halt ein besonderes Völkchen.

Wir landeten einige Zeit später im Café Gerbeaud am Vörösmarty tér. Damals hatten wir keine Ahnung, wie vornehm wir eigentlich waren. Alle Welt wusste, dass das Gerbeaud das schönste und vornehmste Kaffeehaus Budapests war und das schon seit alten Zeiten. Selbst am zugegeben etwas hohen Preis merkten wir weltfremden DDRler nicht, wo wir uns befanden. Aber schön war das Café wirklich. Das Angebot ließ uns die Augen überquellen. Erst lange Zeit später, in der Reisenachbereitungsphase, kam uns zu Bewusstsein, in welch bedeutsamer Umgebung wir uns befunden hatten. Übrigens bestätigten uns später Freunde, dass auch sie während ihres Kaffeestündchens nicht um die Berühmtheit des Gerbeaud gewusst hätten. Seitdem kamen wir uns weniger hinterwäldlerisch vor.

Visegrad

König Stefan

In einer Buchhandlung erstanden wir die deutschsprachige Ausgabe der „Sterne von Eger". Begeistert von dem Roman, beschlossen wir, den Kampfspuren der ungarischen Nationalhelden zu folgen. Von nun an ließen wir uns bei der Reiseplanung von der spannenden und wechselhaften Geschichte des Landes treiben. Wir bestaunten die Kirchenbauten von Esztergom, die Burgruinen von Visegrad und folgten ehrfürchtig den Spuren der einst mächtigen ungarischen Herrscher. Und so lernten wir ein unweit entferntes Nachbarland kennen, das mehr wurde, als nur ein sozialistisches Bruderland.

Rumänische Impressionen

Grenzen haben es in sich, rumänische besonders. Jeder Autoreisende konnte ein leidvolles Lied davon singen, wenn er diese Grenze überwinden musste. Das bedeutete immer stundenlanges Warten, bis sich ein Grenzer herabließ, den Schlagbaum zu öffnen und dem Gast die Passage zu erlauben. Vorher hieß es Auskunft erteilen, ob man Wodka, Waffen und Banditi mit sich führte oder versteckt habe. Manchmal reichte ein Päckchen Kent-Zigaretten, den gestrengen Kontrolleur ein wenig zur

Eile anzutreiben, meist musste man sich aber der Tortur einer lästigen Beschau des Inhalts seines Gepäcks unterziehen. Während vor uns bei einem der Grenzübertritte einem Rumäniendeutschen das Cabrio zerlegt wurde, um nach dem Zusammenbau dem Grenzer noch als Probefahrtgerät zu dienen, filzte der Zoll auf der anderen Seite ein ungarisches Gefährt, dessen Beifahrerin bei über 30 Grad im Schatten ihren Körper in einen nagelneuen Pelzmantel gehüllt hatte. Keiner wollte ihr glauben, dass es sich bei dem Kleidungsstück nicht um Schmuggelware handelte. Währenddessen ging das Warten weiter. Freundliche Lkw-Fahrer verteilten Tomaten an die Mitleidenden, als Gegenleistung gab es Kaugummi, Bonbons und Zigaretten. Von diesem Zeug hatte jeder erfahrene Rumänienreisende ausreichend an Bord, musste man sich doch später damit an den Ortsdurchfahrten, auf den Parkplätzen und selbst an den abgelegensten Streckenabschnitten der Transfagaras in den Karpaten der vielen bettelnden Kinder erwehren.

Damenstrumpfhosen, gebrauchte Jeans und Propangas führte man mit, um einige der wunderschönen Stickereien zu erwerben, die fleißige Frauenhände gefertigt hatten und nun entlang der Transitstraßen an langen Wäscheleinen feilboten.

Besonders auffällig war die Unmenge politischer Agitation in den Städten, Dörfern und selbst in der scheinbar unberührten Landschaft fernab jeder Besiedlung. Nun waren wir aus dem DDR-Alltag einiges an dümmlichen Spruchbändern, Plakaten und monumentalen Polithämmern gewohnt, aber was sich hier abspielte, übertraf in seiner Lächerlichkeit jedes Satireempfinden. Allgegenwärtig waren die Porträts des heiß geliebten Führers und ersten Sekretärs der rumänischen Arbeiterpartei und Vorsitzenden des Staatsrates und Staatspräsidenten Nicolae Ceausescu. Sprüche, deren Inhalt wir nur erahnen konnten, forderten zu Frieden, Arbeit und Optimismus auf, und es schien einen Wettbewerb der Ortsgewaltigen zu geben, wer die längsten, größten und auffälligsten davon auszuhecken vermag.

Was absolut nicht zu den optimistischen Durchhalteparolen passte, waren die vielen bettelnden Kinder an den Straßenrändern selbst des kleinsten Dorfes. Kaum tauchte ein fremdländisches Nummernschild auf, strömten aus allen Winkeln Kinder jeden Alters heraus und bettelten um

Süßigkeiten und sonstige Raritäten aller Art. Landsleute, hier im Ausland von einem Anfall arroganter Deutschmannssucht heimgesucht, warfen wie auf einem Karnevalszug gönnerhaft Bonbons aus dem Wagenfenster. Nicht achtend auf den Nachfolgeverkehr, stürzten die Kinder auf die Straße, um die Leckereien aufzusammeln. Nur eine Notbremsung verhinderte für uns Hinterherfahrende Schlimmes. An einer Tankstelle erwischte ich den gedankenlosen Fahrer der Bonbonkutsche und stellte ihn zur Rede. „Na und, sollen sie doch besser aufpassen, wenn sie schon überall betteln müssen", war die Antwort, die mir glatt die Sprache verschlug. Ich stellte mir vor, wie dieser Zeitgenosse zu Hause von sozialistischen Idealen wie Solidarität, Brüderlichkeit und Menschlichkeit palaverte. Am liebsten hätte ich... Aber daran darf man nicht einmal denken!

Wir fuhren durch ein Dorf, in dem Kinder am Straßenrand daherkamen, ohne die vorbeifahrenden Autos auch nur eines Blickes zu würdigen. Auch hingen im Ort zumindest an der Hauptstraße keine Plakate und Bilder des Staatsoberhauptes. Das machte uns neugierig. Wir hielten an und waren – anders als gewohnt – nicht in Sekundenschnelle von Kindern umringt. Mutig wagten wir eine Bäuerin zu fragen, welche Feierlichkeit hier im Dorf begangen werde. Sie kam mit unserer Fragerei nicht zurecht und verwies uns zu einem Gebäude, welches wir unschwer als Schule erkannten. Dort empfing uns ein Lehrer, der Schulleiter, wie sich später herausstellte. Er sprach perfektes Siebenbürgerdeutsch und lud uns zu einem Gläschen Tee ein. Im Gespräch erfuhren wir Erstaunliches. Das gesamte Dorf hatte sich entschlossen, den üblichen Politrummel so weit wie möglich zu vermeiden. Er sähe es als eine wichtige Aufgabe an, den Kindern Stolz und Selbstbewusstsein anzuerziehen. Hier würde nicht gebettelt und gestohlen, aber auch nicht geheuchelt. Letzteres schränkte er ein wenig ein mit der Bemerkung: „Ein bisschen muss man aber schon mit den Wölfen heulen, will man nicht gefressen werden." Wem sagte er das? Wir bauten neben der Schule unseren Klappfix auf und verbrachten eine angenehm ruhige Nacht.

Am nächsten Morgen bat uns der freundliche Schulleiter, wenigstens noch bis zum Mittag zu bleiben. Die Nachbarin, gleichzeitig Reinemachfrau an der Schule, würde uns gern ein heimisches Mittagessen bereiten. Gern folgten wir der Einladung, zumal es sich mit dem Mann erfrischend

Souvenirverkaufsstände an der Transfagaras

offen reden ließ, was uns einen interessanten Blick hinter die Fassade des Ceausescu-Bruderlandes ermöglichte. Lydia, so hieß die gastgebende Nachbarin, entpuppte sich als wahre Perle der Kochkunst. Zuerst überraschte sie uns mit einer Vorspeise Salata de Vinete. Es handelt sich dabei um eine Auberginenpaste, die zu Fladenbrot und Tomaten- und Paprikascheiben serviert wird. Ganze, ungeschälte Auberginen hatte Lydia auf der Ofenplatte gebraten, bis das Innere weich war; noch heiß, schälte sie das uns bis dahin vollkommen unbekannte Gemüse, wrang es aus und hackte es sehr fein. Unter tropfenweiser Zugabe von Öl rührte sie die Masse schaumig. Dazu gab sie fein gehackte Zwiebeln, Salz, Pfeffer, Knoblauch und Zitronensaft. Dieser Vorspeise folgte eine Fleischsuppe mit Frucheinlage von Pflaumen und Weintrauben, für uns auf den ersten Blick, oder besser ersten Löffel, etwas ungewohnt. Aber bereits der zweite löste allgemeinen „Hmm-Effekt" aus, was Lydia sichtlich freute. Sie schleppte das Hauptgericht heran: „Mamaliga" nennen die Rumänen ihr Nationalgericht. Lydia verriet uns ihr Rezept und meinte, in anderen Gegenden würde es ein wenig anders zubereitet:

Ein Liter Milch wird mit einem Esslöffel Butter aufgekocht und ein halbes Pfund Maisgrieß unter ständigem Rühren dazugeben. Bei schwacher Hitze quillt das Ganze auf, bis ein dicker Brei entstanden ist. Dann wird Reibekäse untergehoben und nach Bedarf gesalzen. Über den so entstandenen goldgelben Brei kommt noch gebräunte Butter. Dazu gab es Sauerkraut, oder Häuptel, wie Lydia sagte, mit Würstchen. Den Abschluss des Festmahls bildeten Kaffee mit Striezel, einem Hefezopf. Dass wir von dem Gebäck nur noch schwach naschen konnten, wird jeder schon bei der Aufzählung der vielen Speisen vermutet haben. Lydia nahm es uns nicht übel, dass wir von jedem Gang nur kosten konnten, schließlich hatten wir noch eine lange Fahrt im Auto vor uns.

Am Nachmittag setzten wir die Reise fort, nicht ohne für den freundlichen Lehrer unsere kleinen Geschenkschnapsfläschchen, für seine Schüler die letzten Süssigkeitsvorräte und für Lydia einige Kleinigkeiten aus dem Gepäck meiner Frau zu hinterlassen.

Zwei Jahre später waren wir wieder vor Ort. Wir hatten einige Bücher an Bord, von denen wir wussten, dass unser Lehrer sie sich gewünscht hatte. Aber er war nicht mehr da. Vor dem Schulgebäude prangte ein prächtiges Ceausescu-Bild. Eine ältere Dame wollte uns keine Auskunft über das Schicksal des Schulleiters geben. Sie stellte sich uns als Lehrerin für deutsche Sprache und Rumänisch

Auf dem Campingplatz in Timisoara

vor, war sehr freundlich, aber auch verschlossen. Über unsere kleine Bücherspende freute sie sich wie ein zu Weihnachten beschenktes Kind. Trotzdem waren ihr keine Informationen über das zwischenzeitliche Geschehen zu entlocken. Auch von Lydia war keine Spur zu entdecken. Und so verabschiedeten wir uns traurig und nachdenklich, aber nicht ohne zu registrieren, dass die Kinder des Dorfes wie vor zwei Jahren keine Anstalten machten, uns anzubetteln.

Wenn es irgendwie ging, campten wir in Rumänien in der Wildnis, denn rumänische Campingplätze hatten so ihre Eigenarten: In Timisoara ging es noch vergleichsweise zivilisiert zu. Die nette Bedienung in der

Wildes Campen

Gaststätte bedeutete uns nach zehnminütigem Aufenthalt, allmählich das Weite zu suchen. Sie entzog uns zuerst die Tischdecke, stellte danach die unbesetzten zum Tisch gehörenden Stühle auf denselben, schüttete den Aschenbecher zwecks Rationalisierung ihrer Arbeitsorganisation auf den Boden der Gaststätte und kehrte, uns stets freundlich angrinsend, den Dreck des Tages in die Ecke. Wie es weiterging, entzieht sich unserer Kenntnis, weil wir es vorzogen, die freundliche Gastronomie fluchtartig zu verlassen.

Auf anderen Plätzen gab es Wasser nur zu festgesetzten Zeiten, die Sanitäranlagen trugen diesen Namen in Ermangelung einer anderen Bezeichnung. Freundlich waren die Platzverwalter selten, es sei denn, sie erwarteten eine kleine Zugabe. Am liebsten nahmen sie Benzinbons, mit denen sich jeder Transitreisende Schlange stehend am Grenzübergang eindecken musste. Kilometerlange Auto-Wartegemeinschaften vor den Tankstellen ließen erahnen, welche Geduld ein rumänischer Pkw-Besitzer aufbringen musste, um seinen „Dacia" mit Sprit füttern zu können. Anfangs reihten wir uns als routinierte DDR-Ansteher hinter den Wartenden ein, merkten aber dann, dass wir privilegiert waren und an speziellen Tanksäulen Benzin fassen konnten, zwar oft nicht das bezahlte teure Premium, aber immerhin mussten wir nicht auf den nächsten Tankwagen warten.

Bevor uns ein Deutschrumäne auf diese Regelung aufmerksam machte, ließen wir uns auf ein Palaver mit jugendlichen Roma ein, rauchten gemeinsam ein Zigarettchen, lachten und bauten Vorurteile ab, bis wir bemerkten, dass wir von allen Seiten beklaut worden waren. Und das, obwohl wir wie alle Balkanreisenden die Scheibenwischerblätter vorsorglich schon vor dem Grenzübertritt abgebaut und die Schwenkarme mit dickem Pflasterband gegen versehentliches Bewegen geschützt hatten. Dafür fehlten jetzt Antenne, Spiegel und sonstige Anbauten. Unsere Rufe nach „Policia" oder „Miliz" wurden von den noch unverschämt in der Nähe weilenden jugendlichen Dieben grinsend kommentiert. Ein freundlicher Siebenbürger klärte uns auf, dass wir unseren Ärger lieber hinunterschlucken sollten. Für die Sinti und Roma würden in Rumänien eigene Gesetze gelten, kein Ordnungshüter ließe es sich einfallen, beklauten Touristen gegen diese Volksgruppe ernsthaft beizustehen.

Der Ehre halber sei aber auch gesagt, dass nicht alle Polizisten, Grenzer und Milizionäre korrupt und selbstherrlich gegenüber den Gästen daherkamen. Wir hatten es eilig und ich nahm in einer kleinen Ortschaft den Fuß nicht wesentlich vom Gaspedal. So geschah es, dass ich in einer Rechtskurve mit dem linken Vorderrad die mittelseitige Sperrlinie zwar nicht überfuhr, aber berührte. Prompt kam ein Polizist aus der nächsten Lücke hervorgesprungen, gefolgt von mindestens drei gleichgekleideten Genossen. „Halt!, Passport!" Es folgte wortlos eine Zeichnung, auf der man deutlich das Vergehen – Überfahren der Sperrlinie – ablesen konnte, dazu die Zahl 250. Das bedeutete, unsere gesamten Devisen, umgerechnet etwa 100 Ostmark, für die Rückfahrt waren futsch. Meckern und Betteln nützte und lag uns nicht, wir kratzten widerstandslos die vorhandenen Lei zusammen und reichten sie wortlos aus dem Fenster. Dabei müssen unsere Minen derart erbärmlich ausgesehen haben, dass es dem Kontrolleur schier das Herz zerriss. Er klemmte die Geldscheine in den Pass, salutierte und reichte uns Dokument und Reisegeld zurück. Vor freudigem Schreck klopfte ich dem Mann dankbar auf den Arm, was die umstehenden Herren reflexartig an die Hüften greifen ließ. Am Gesicht ihres Genossen schienen sie aber zu bemerken, dass hier keine

Gefahr drohte, er winkte uns, weiterzufahren, was wir auch taten. Noch im Freudentaumel tauschten wir uns über die Nettigkeit rumänischer Polizisten aus, wobei ich erst relativ spät bemerkte, dass ich die Sperrlinie schon wieder überfahren hatte. Im Rückspiegel konnte ich sehen, dass der Kontrolleur von vorhin drohend den Zeigefinger schwang, seine Kollegen aber inzwischen ein neues Opfer am Wickel hatten. Und da behaupteten Reisebekanntschaften, den rumänischen Staatsbeamten könne man nur mit entsprechender Schmierung beikommen, sie wären arrogant und erbarmungslos.

Im rumänischen T. fuhren wir den örtlichen Campingplatz an. Mitten durch eine Schweinefarm führte die unbefestigte Straße auf ein eingezäuntes Gelände mit bauernhofähnlichen Gebäuden, vielen streunenden Hunden, einigen Zelten und einer riesigen Pkw-Limousine, aus der sage und schreibe elf verschleierte Weiblichkeiten herauskletterten und sich als Familie eines Arabers entpuppten. Vor Staunen blieben wir und die restliche Campergemeinde stehen und verpassten so die kurze Zeit der öffentlichen Wasserentnahme. Das war schlimm, hatten wir nun nicht einmal genug Wasser um eine Art Toilettenspülung zu improvisieren. Glücklicherweise regnete es in der Nacht und einige aufgestellte Blechbehälter füllten sich mit Regenwasser. Dafür konnte man die nunmehr überschwemmten WC's nicht mehr benutzen. Über die Art, wie wir die notwendigen Bedürfnisse dann doch noch regelten, schweigen wir lieber.

Im Rumänischen ereilte uns die Nacht auf der Fahrt in Richtung bulgarischer Grenze. Wir suchten eine versteckte Stelle im Wald neben der Straße. Ein Lichtschein wies uns den Weg zu einer Gruppe Landsleute, die sich schon ein Übernachtungsplätzchen gesucht hatte. Man begrüßte uns freudig, je mehr Leute, umso sicherer die Nacht. Wir waren noch nicht fertig mit der Errichtung des Nachtlagers, als uns von allen Seiten militärisch klingende Befehlslaute aufschreckten. Mit entsicherten Maschinenpistolen umstellte uns eine Gruppe Grenzsoldaten, die uns aus dem Sperrgebiet zur jugoslawischen Grenze zu vertreiben gedachte. Das Palaver, die Aufregung und zugestandenermaßen auch Angst dauerten ewig, bis wir im gegenseitigen Verständnis um die verzwickte Lage einen Ausweg fanden und letztlich doch in die Freiheit entlassen wurden. Wenige Meter von unserem ausgesuchten Plätzchen war das Sperrgebiet zu Ende und wir konnten im Schutz ständig auf der nahen Straße marschierender Soldatenkolonnen die Nacht durchwachen. Laute Geräusche um unser Zelt ließen uns den nächtlichen Besuch eines Igelchens vermuten. Die Spuren am nächsten Morgen wiesen allerdings Tatzengröße 57 auf, muss ein großer Igel gewesen sein.

Bei Cirtisoara beginnt die Transfagaras-Straße, oder die DN7C, wie sie offiziell heißt. Diese umstrittene Schöpfung aus der Ceausescu-Ära überschreitet das Fagaras-Gebirge von Nord nach Süd und verbindet Transsilvanien mit der Walachei. Freunde hatten uns geraten, unbedingt diese Route durch Rumänien zu nehmen, wenn wir das Land wieder einmal bereisen sollten. So entschlossen wir uns, nicht den schon bekannten kurzen Weg über Arad und Timisoara Richtung Bulgarien zu fahren, sondern die Strecke über Sibiu (Herrmannstadt), die Transfagaras und Bukarest unter die Räder zu nehmen.

An einem Flüsschen bei Cirtisoara (vermutlich sogar gleichen Namens – es kann aber auch der Olt gewesen sein) suchten wir nach einem freien Übernachtungsplatz. An den Uferauen sahen wir in der Ferne vereinzelte bunte Zeltbauten stehen, die uns ermutigten, hier ebenfalls zu nächtigen. Unser Klappzelt stand noch nicht lange, da bekamen wir auch schon Besuch von einigen Jungen, die

Vor dem Aufbruch ins Fagaras-Gebirge

uns „echte" Goldringe zum Kauf anboten. Wir lehnten freundlich ab, die Knaben zogen weiter. Kurze Zeit später kamen die vermutlichen Mütter mit dem gleichen Angebot, es folgten die erwachsenen männlichen Verkäufer. Niemand war böse, dass wir nicht handeln wollten, man ließ uns in Ruhe.

Danach hatten wir Zeit, die Gegend zu inspizieren. Hinter einer kleinen Hügelwelle grasten ein paar weiße, magere Pferdchen. Im gebührenden Abstand hatten andere Zelter ihre Unterkunft aufgeschlagen, man winkte sich freundlich zu und konnte ungestört im sauberen Flüsschen baden (oder hineinplumpsen – wie unser Sohnemann). Was soll-

Eiskaltes Wasser aus den Bergen

te es, die nassen Klamotten wurden zum Trocknen aufgehängt und allmählich kehrte die so geliebte Abendstimmung vor der Nachtruhe ein. Hatte uns zu Hause nicht jemand vor der Nähe kleiner weißer, magerer Pferdchen gewarnt? Vergessen! Am nächsten Morgen wurden wir recht unsanft geweckt: Eine Kuhherde hatte sich um unsere Behausung versammelt und blieb nicht eben ruhig, einige dieser possierlichen Tierchen beäugten bereits den Vorbau unseres Klappzeltes von innen. Eilig suchten wir das Freie. Die meisten der Mitübernachter vom Vortag waren verschwunden. Vor uns stand ein grinsender Cowboy, der zunächst die Kühe zum Weitergang bewegte und uns dann freundlich zu verstehen gab, dass die Tiere eigentlich die Funktion eines nächtlichen Wachregiments übernommen hatten. Wir bedankten uns herzlich bei dem freundlichen Mann. Auch angesichts der vielen Kuhfladen ringsumher glaubten wir seinen Worten. Er zog weiter, fröhlich winkend, trotz der frühen Morgenstunde.

Wir packten unseren Krempel ein und wollten voller Vorfreude das Fagaras-Gebirge erklimmen. Bevor es jedoch losgehen konnte, mussten wir erst das nachbarliche Geschimpfe mit anhören, welches einer der letzten verbliebenen Übernachter veranstaltete. Ihm fehlten irgendwelche Sachen, nichts Wertvolles, aber nur ärgerlich zu Entbehrendes. Die weißen, mageren Pferdchen waren auch verschwunden. Jetzt erinnerten wir uns wieder an die Warnung von zu Hause: Hatten nicht Zigeuner oft solche Pferdchen in ihrer Nähe? Keine Vorurteile! Wir können nichts beweisen. Aber wir begriffen, was der freundliche Kuhhirte meinte, als er vom Wachregiment seiner Kühe siebenbürgisch schwäbelte. Noch ein fröhlicher Plausch mit den Jungen, die heute „echte" Goldketten anboten, und unser Gespann kletterte die Transfagaras hinauf.

Jeden, der sich dieses Erlebnis jemals hatte entgehen lassen, bedauern wir noch heute aus tiefstem Herzen. Für eine profane Beschreibung dieses Naturerlebnisses fehlen uns die Worte. Man bedenke, wir hatten bis dahin noch nicht einmal die Alpen zu Gesicht bekommen. Selbst später, als wir auch dieses Hochgebirge endlich besuchen durften, blieben die überwältigenden Ersteindrücke der steilen Serpentinen, bizarren Felslandschaften und der tosenden romantischen Wasserfälle des Fagaras-Gebirges in seiner Wildheit in unauslöschlicher Erinnerung.

In 2200 Metern Höhe erreichten wir den damals noch im Bau befindlichen Tunnel, durch den die Straße auf der anderen Seite zum Lacu Vidraru, einem kleinen See, hinabführt. Vor dem Tunnel war erst einmal Schluss mit der Fahrt. Da er nur wenige Stunden am Tag wegen der Bauarbeiten zur Durchfahrt geöffnet wurde, hieß es warten, bis sich die Tore auftaten. Man nutzte die Gelegenheit, in den Bergen herumzuklettern und die Romantik der Landschaft zu genießen, den Bielea-See zu umrunden und einen Blick in die betreute Wanderbaude „Cabana Bilea" zu werfen. Gleichzeitig entkam man den Kindern, die sich selbst hier oben in der Einöde die Gelegenheit nicht entgehen ließen, nach „Gummi-Gummi, Bonbon, Zigaretti" und „Schokolad" zu fragen. Unsere Vorräte davon waren längst aufgebraucht und es tat einem in der Seele weh, immer nur mit dem Kopf schütteln zu müssen.

Die Tunneleinfahrt

Die Transfagaras

Schafherden in wild-romantischer Landschaft

Irgendwann öffnete sich das hölzerne Tunnelportal, der Gegenverkehr rollte heraus und wir konnten die inzwischen sehnlichst erwartete Weiterfahrt antreten. Vorher mussten wir aber die im dürftig beleuchteten Tunnel tätigen Bauarbeiter passieren. Jeder Zweite klopfte an die Autoscheibe und fragte nach Zigaretten. Schweren Raucherherzens zog ich meine vorletzte Packung „Juwel" – eine in der DDR sehr verbreitete Sorte bulgarischer Produktion – und reichte sie einem der in einer Gruppe stehenden Arbeiter in der Hoffnung, er würde mit den anderen brüderlich teilen. Aber denkste! Der junge Mann starrte auf die Schachtel, ließ irgendeine abfällige Bemerkung aus sich heraus und schmiss meine Zigaretten einfach in die nächste Drecklache. Ich konnte gerade noch verstehen, wie er das Wort „Kent" brüllte, dann hatten wir die freundlichen Leutchen passiert. Man wird verstehen, dass sich unser Gebermitleid nach diesem Ereignis fortan in engen Grenzen hielt.

Bauden und Bergseen laden zum Campen...

Jenseits des Tunnels verflog der Ärger beim Anblick der sich in das Tal windenden Serpentinen unserer Straße. Ungefähr 600 Meter tiefer begrüßte uns die „Cabana Capra", in deren Umfeld einige Touristen ihre Übernachtungszelte aufgebaut hatten. Wir gesellten uns selbstverständlich dazu.

Ein Schäfer mit seiner Herde zog durch die kleine Zeltstadt und erregte allgemeines Ärgernis, wegen der tierischen Hinterlassenschaften. Die Schäfchen wanderten ohne Furcht durch unser leicht aufgeklapptes Vorzelt, der alte Schäfer grinste uns an, wir grinsten zurück und vergaßen des Meckern.

Am nächsten Morgen tummelten wir uns unter einem kleinen Wasserfall zwecks erfrischender Morgentoilette. Die meisten Mitnächtiger waren bereits zur Weiterfahrt aufgebrochen, einige Wanderer hatten ihre Zelte verlassen und kraxelten auf fernen Bergpfaden umher. Zurück vom Wasserfall, saß da unser alter Schäfer, hatte ein Tüchlein auf einem Stein ausgebreitet, darauf lagen Brot, Käse und ein riesiges Messer. Mit dem gleichen Grinsen wie am Vorabend lud er uns an seine prächtige Tafel. Ein wenig schämten wir uns schon wegen der schlechten Gedan-

... und Wandern

ken, die wir nach dem Tunnelerlebnis mit den Zigaretten hatten. So saßen wir dann beisammen, sprachen kein Wort miteinander, gestikulierten ein wenig und lächelten. Danach trennten sich unsere Wege, er, seine Hunde und die vielen Schafe verschwanden auf den Bergalmen. Wir verschwanden die Transfagaras talabwärts in Richtung Bukarest und bulgarischer Grenze. Aber aus unseren Gedanken ist er selbst jetzt, nach so vielen Jahren, nicht verschwunden. Gut so!

Bei unserer ersten Bulgarienreise hatten wir durch Rumänien den kürzeren Weg über Arad, Timisoara und Calafat gewählt. Das bedeutete, dass wir bei Calafat die Donaufähre nach Vidin benutzen mussten. Noch nie war ich mit dem Gespann auf einer Fähre übergesetzt, entsprechend die Nervosität in Erwartung der Dinge, die da kommen würden.

Wir hatten es eingerichtet, dass wir an der Grenzstation so ankamen, um der soeben ablegenden Fähre noch nachwinken zu können. Das barg allerdings den Vorteil in sich, dass wir uns nunmehr für die nächste Überfahrt an erster Wartestelle einordnen konnten. Mein Eindruck einer ersten Geländebesichtigung lässt sich am besten mit den Worten des Westberliner Fahrers eines neben uns geparkten nagelneuen Sattelzuges wiedergeben: „Schei…, da soll ick runtafahrn ? Nee, lieba kehr ick wieda um." An Wenden war allerdings bei uns beiden nicht mehr zu denken, also Augen zu uns durch!

Vor uns lag eine, wie es uns damals vorkam, senkrecht abfallende Wand, ungepflastert, von Wind, Wetter und Tausenden Fahrzeugen verunstaltet. Tiefe Rillen, Steinbrocken und, wie ich außerdem entdeckte, ein in die Erde betoniertes, vergessenes halbmeterhohes Metallrohr. Auf dieses konzentrierte ich mich beim Festlegen der zu fahrenden Ernstfallroute. Auf keinen Fall in die Nähe des Hindernisses geraten, ganz links halten und vorsichtig am Lkw vorbei.

Inzwischen waren die Grenzkontroller ausgeschwärmt und nahmen sich die Wartenden vom Ende der Schlange her vor, sodass wir als Letzte in den Genuss ihrer freundlichen Dienstleistung kamen. Und freundlich waren Grenzer und Zöllner tatsächlich. Nach meiner Weigerung, den Deckel des Klappfixes aufzuheben und so das Zelt auszuklappen, begnügte sich der Zöllner mit einem Blick in den geöffneten Küchenteil am Heck des Gefährts und ließ uns gnädig ziehen. Was ihn zur Akzeptanz meines unverschämten Widerstandes veranlasst hatte, blieb mir ein Rätsel und nötigte den Mitwartenden respektvolle Blicke ab.

Rumänische Seite…

Ein Wachsoldat hatte indessen seine Maschinenpistole an die Tür des neben uns stehenden Trucks gehängt und war neugierig in das Führerhaus geklettert. Dort plauschte er mit dem Berliner Trucker, fummelte an allen möglichen Hebeln und Schaltern herum, bis das Gefährt dröhnend ansprang. Ich malte mir inzwischen in meiner bösen Fantasie aus, wie ich die am Fahrerhaus hängende Knarre klaute und mit wildem Geballere die Grenzstation in Aufregung versetzte. Was ich damit erreichen konnte, war mir zwar nicht klar, die verrückten Gedankenspiele beruhigten jedenfalls ungemein und bauten eine Menge Frust ab. Jetzt war ich reif für das Einchecken auf der Fähre. Und wie getimt kam der die Abfahrt freigebende Wink des Zöllners.

... der Donaugrenzfähre zwischen Calafat und Vidin

Das folgende Manöver verlief wider Erwarten ohne Probleme, abgesehen von ein paar Aufsetzern, besonders hart im Übergangsknick zwischen Ufer und Fährauffahrt. Im Unterbewusstsein bekam ich noch mit, wie der Berliner Lkw anruckte und nach wenigen Metern mit grässlich kratzendem Geräusch wieder zum Stehen kam. Der Grenzer musste das Cockpit schnell verlassen haben, denn er schlenderte mit umgehängter Kalaschnikow, völlig desinteressiertem Gesicht, aber strengem Staatsmachtblick dienstbeflissen in sein Wachdomizil. Währenddessen krabbelte der Trucker fluchend unter seinem Gefährt herum, rüttelte wütend an dem von mir eingangs beschriebenen, aber nunmehr verbogenen Stahlrohr.

Er tat mir leid, der gute Mann. Aber das Geschehen auf der Fähre, die zentimetergenaue Einreihung der Fahrzeuge erforderte meine ganze Aufmerksamkeit, zumal ich links hinter einem Seilhaufen eingewiesen wurde, was mich in tiefstes Grübeln verfallen ließ: Wie sollte ich hier jemals wieder rauskommen? Dieser Gedanke vermieste mir die erste Fährpassage über die Donau, von deren wahrhaftigem Vorhandensein wir außer einer Brückenquerung nur aus Bildern wussten. Das bulgarische Ufer empfing uns mit einer gepflegten betonierten und breiten Auffahrt, kein

Problem für ein angstloses Verlassen der Fähre, wenn da nicht der Haufen Taue vor meinem Gespann gewesen wäre. Also, den Klappi abhängen, von Hand rangieren und sehen, wie es ausgeht. Doch nichts da! Ein Mitglied der Fährmannschaft war unvermutet zur Stelle, griff in das Taugewirr und schmiss den ganzen Kram einfach ins Wasser und bedeutete uns mit freundlicher Handbewegung, die Reise ohne Hemmnis fortzusetzen.

Am bulgarischen Grenzhäuschen begrüßte uns ein sich wohlig in seinem Campingstuhl räkelnder Grenzmann, winkte die Einreisenden der Reihe nach zu sich heran, knallte seinen Stempel in die Papiere und bedeutete den Abgefertigten, sich eilends zu entfernen. Das hieß, die nahe Wechselstube aufzusuchen und die erforderlichen Devisengeschäfte zu erledigen.

Bulgarische Geschichte und Geschichtchen
Die weiße Wölfin

Nach schier endloser Wartezeit an der Fähre auf rumänischer Seite, der Donauüberquerung und der bulgarischen Zollabfertigung rollten wir in gemütlicher Fahrt durch das Balkangebirge Richtung Sofia.

Irgendwie schien hier die Sonne heller, die Luft war durchsichtiger und die Farben der Natur kräftiger. Besonders das strahlende Weiß der Berge mit dem satten Grün der sie schmückenden Vegetation hatte es uns angetan. Wir rasteten an einer der vielen Quellen und gönnten uns eine verdiente Erholung nach den Strapazen der Vortage.

Unter uns das braunwässrig dahin fließende Flüsschen, darüber die schroff ansteigenden weißgrünen Felsengebilde, das Auge konnte sich nicht satt sehen. Und so saßen wir dann lange versonnen am Rande eines Abhanges, schauten, hörten das leise Plätschern der Quelle im Rücken und waren voller Zufriedenheit.

Das Bild der Natur hatte uns die nähere Umgebung vergessen lassen. Und so bemerkten wir ihn erst, als er uns ansprach. Ein Bauer lag unweit unseres abgestellten Gespanns im Gras, beaufsichtigte einen kleinen Esel und fragte unvermittelt: „Seid ihr Deutsche?" Er hatte uns vermutlich schon längere Zeit beobachtet. Jetzt richtete er sich auf, warf sich ein Tuchbündel über die Schulter und trieb das Eseltier an. Im Vorbeigehen meinte er: „Jetzt hat sie euch, die weiße Wölfin." Und er zeigte

Der Balkan in seiner ganzen Schönheit: Vom strahlenden Weiß der Gebirgszüge bis zum satten Grün in den tiefen Schluchten

auf die gegenüberliegende Felsformation. Erstaunt drehten wir uns um, schauten in die angegebene Richtung und sahen außer dem herrlichen Taleinschnitt und der sich daraus erhebenden Berge – nichts. Unser freundlicher Bauer war verschwunden, nur ein lautes „Iaaah" seines Esels in der Ferne bewies, dass es ihn gegeben hatte.

Was war das mit der weißen Wölfin? Die Begegnung wollte uns nicht aus dem Kopf gehen.

Einen Tag später hatten wir unseren Zeltanhänger in einem schmalen Flusstal zur Übernachtung hergerichtet. Wir blieben nicht lange allein. Ein Schäfer mit seiner Herde gesellte sich zu uns, sein Gehilfe kam zusammen mit einigen eingefangenen abtrünnigen Tieren später ebenfalls hinzu. Nachdem sie ihre Tiere versorgt hatten, entzündeten die Männer ein kleines Lagerfeuer und bereiteten ihr Abendessen. Das Feuerchen lockte noch eine weitere Camperfamilie an, die sich auf der Suche nach einem Übernachtungsplatz befand.

Es dauerte nicht lange und die ganze Gesellschaft hatte sich um das Feuerchen versammelt, Pflaumenschnaps machte die Runde und die hereinbrechende Nacht ließ die Umgebung näher herankriechen: Zeit zum Geschichten erzählen. Man radebrechte so vor sich hin, lachte viel und fühlte sich angenehm wohl. Irgendwann kam ich auf die weiße Wölfin zu sprechen, die mir nicht aus dem Kopf gehen wollte. Plötzlich verstummten die beiden Schäfer, ja, selbst die Herde schien zu erstarren. Es wurde unnatürlich ruhig um uns. Die Augen versuchten die umgebende Dunkelheit zu durchbrechen, um nach der Ursache des Stimmungsumschwungs zu suchen. Nach einer unendlich lang erscheinenden Pause begann der alte Schäfer zu sprechen. Mühsam entnahmen wir seinen Worten den Kern einer Legende, die sich um die weiße Wölfin des Balkans spann.

In einem fernen Tal der Bergkette sollte einst ein Köhler mit seiner Familie gelebt haben, der seinen kärglichen Lohn mit anstrengender Arbeit in Schmutz und Rauch verdienen musste. Die

Typisch für Bulgarien: Die Eselgespanne...

Tätigkeit brachte es mit sich, dass Kleidung und Haut von schwarzem, tief eingedrungenem Ruß überzogen waren, den selbst ausführliche Wäsche nicht zu beseitigen vermochte. So wie dem Köhler erging es seiner Frau und den beiden Kindern. Die Menschen im Dorf mieden den Kontakt zur Köhlerfamilie, die Leute waren ihnen zu schmutzig. Während sich Vater, Mutter und Sohn in ihr tristes Schicksal gefügt hatten, konnte die Tochter sich damit nicht abfinden. Sie begann zuerst sich, später die Hütte und zuletzt die Umgebung mit der weißen Erde der Berge zu pudern und aufzuhellen. Irgendwann verwirrte sich ihr Geisteszustand so schlimm, dass sie sogar die Haustiere und die Tiere des Waldes mit ihrem Tun verfolgte. Als das Treiben des Mädchens unerträglich wurde, beschlossen die guten Geister des Waldes, dem Einhalt zu gebieten. Alles in der Umgebung der Köhlertochter, was bisher weiß war, sollte sich in Schwarz und umgekehrt in Weiß verwandeln. So geschah es. Als der Unglücklichen in einem lichten Moment gewahr wurde, was sie mit ihrem Handeln angerichtet hatte, verfiel sie in tiefe Trauer, verließ das Elternhaus und wurde nie wieder gesehen. Danach nahm die Natur wieder ihre gewohnten Farben an und die Geschichte geriet in Vergessenheit. Seither läuft in den Balkanwäldern eine weiße Wölfin umher, die immer jene Menschen in ihren Bann zieht, die sich am Weiß der Berge nicht satt sehen können. Ihnen erscheint sie, wenn Ungemach droht. Man sollte ihre Warnung ernst nehmen, sonst könnte sich das Weiß der Fröhlichkeit in das Schwarz der Trauer verwandeln.

Nach diesem Exkurs in die Welt der Legenden trennten sich am nächsten Morgen unsere Wege. Die Schäfer verschwanden mit ihrer Herde in den Bergweiden und wir verfolgten unseren Weg und durchreisten das schöne Bulgarien. Mit vielen tiefen Eindrücken und bleibenden Erinnerungen traten wir schließlich den Rückweg an und schlugen in der Nähe unseres ersten Camps im Tale des gleichen Flüsschens neben einer Eisenbahnbrücke unser Nachtlager auf.

... und die unzähligen Quellbrunnen

Es war erst früher Nachmittag, wir konnten also ruhig noch eine kleine Wanderung in die uns auch jetzt wieder faszinierenden weißen Berge unternehmen. Und da stand sie plötzlich – die weiße Wölfin! Sie schaute uns an, den Kopf leicht zur Seite geneigt, das Maul geschlossen. Ihre Augen blinzelten, scheinbar gelangweilt, müde. Dann drehte sie sich um, lief den Hang hinunter an den kleinen Fluss. Dort hob sie ihren Kopf und stieß einen langgezogenen heulenden Laut aus, der uns das Blut in den Adern gefrieren ließ. Und so wie sie erschienen, war sie wieder verschwunden. Hatten wir das Ganze nur geträumt? Aber alle drei hatten wir dasselbe gesehen und gehört, also keine Halluzination. Natürlich sind wir nicht abergläubisch, aber wie war das mit dem Erscheinen der weißen Wölfin? Wir beschlossen, unseren Kram wieder einzupacken und den Lagerplatz zu verlassen – selbstverständlich nur wegen der noch nicht fortgeschrittenen Nachmittagszeit und der doch recht einsamen Gegend.

Nach einiger Zeit Fahrt erreichten wir kurz vor dem Dunkelwerden einen Campingplatz in der Nähe der Grenzstadt. In der Nacht ging ein heftiges Gewitter nieder, das sich stundenlang nicht beruhigen wollte. Das platzeigene Bächlein hatte bis zum Morgen das halbe Camp überschwemmt. Und die Nachrichten meldeten Unwetterschäden an einer Eisenbahnbrücke in den weißen Bergen, ausgelöst durch ein das Tal durchfließendes Flüsschen, das zum reißenden Strom geworden war und alles rechts und links seiner Ufer mit sich gerissen hatte.

Räuber von Belogratschik

In Bulgarien wollten wir jeden Winkel erkunden, obwohl wir das gar nicht durften. Sofia lehrte uns, was ein Verkehrschaos ist, nicht wegen der vielen Autos, vielmehr wegen der vermutlich ausschließlich zur Straßenrandverschönerung aufgestellten Verkehrsschilder, der Straßensperren, Umleitungen, nicht korrigierten Richtungshinweise und sonstigen amtlich verordneten Ungereimtheiten. Für wohlerzogene Deutschostler waren Verkehrsregelungen selbstverständlich strikt zu befolgen. Bis wir merkten, dass man im sonnigen Bulgarien das Ganze nicht so verbissen sah. Wir fanden den Mut, begleitet vom verständnisvollen Grinsen der Verkehrshüter, Sperrschilder einfach zu ignorieren – und siehe da, das Chaos war gar keins mehr.

Sofia: Zentraler Platz vor dem GUM-Kaufhaus

Wir checkten uns auf einem Campingplatz in Sofia ein. Sofia, die bulgarische Hauptstadt, war für uns ein Stück Orient, auch wenn das die Bulgaren gar nicht so gern hörten. Aber die Moscheen, die Newski-Kathedrale und nicht zuletzt der Bauernmarkt erinnerten an gelesene Geschichten über Istanbul. Das viel gerühmte GUM-Kaufhaus konnte uns nicht sonderlich begeistern, da war im Centum-Warenhaus Berlin mehr

Moschee in Sofia

Hissaria

Plowdiv

los. Umso angetaner waren wir vom Bauernmarkt, einer Mischung zwischen Basar und täglich geöffnetem Wochenmarkt. Für Ossis ein Muss, wie uns jeder Bulgarienreisende flüsterte.

Mich interessierten viel mehr die Ausgrabungen im Stadtzentrum. Hier hauchte einen über zweitausendjährige Geschichte an. Wenn mich nicht plötzlich ein zartes Stimmchen aus allen historischen Träumen gerissen hätte. Eine Bekannte aus alten DDR-Zeiten, verkleidet als Rucksacktourist, tauchte inmitten des Gewühls auf und gab sich maßlos erstaunt ob der zufälligen Begegnung in der Ferne. Mir wurde schlagartig klar, wie eng doch der Horizont gesteckt war, den man uns zu bereisen gestattet hatte.

Meinen Drang nach Historischem konnte ich später zur Genüge in Plowdiv, Hissaria und den antiken Schwarzmeerstädten befriedigen. Die alten Griechen hatten überall ihre Spuren hinterlassen, nicht nur in Form alter Gemäuer, auch in den Legenden und sonstigen Überlieferungen. Am

Sofia: Stadtansichten und der Bauernmarkt mit seinen Verkaufsständen für Keramik- und Schafwollarbeiten

Russische Kirche St. Nikolai in Sofia

Belogratschik

besten gefielen mir die Geschichten über Lukullus und den geheimnisvollen Weingöttern. Über sie zu erzählen lohnt nicht, wenn man nicht vor einem festlichen Mahl oder einer gut gefüllten Karaffe aus bulgarischer Keramik sitzt und der Phantasie freien Lauf lassen kann.

Der Campingplatz in Sofia diente uns als Basislager für Ausflüge in die nähere und weitere Umgebung. Schließlich wollten wir möglichst viel von dem schönen Balkanland ergründen und kennen lernen. Eine erste Fahrt führte uns nach Belogratschik, die Stadt mit den seltsam geformten Felsenstatuen, die eine romantisch anzusehende Burgruine, die Festung Kaleto, umschließen. Leider war es schon ziemlich spät, als wir die Burg erreichten. Das Tor wurde soeben geschlossen und so blieb uns nur die Erkundung außerhalb der Mauern wie einst die belagernden Feinde. Wir kamen als Freunde. Rund um die Burganlage führte ein Pfad, dem wir ein angemessenes Stück folgten. Im Wissen, dass in Bulgarien pünktlich um 21 Uhr Ortszeit die Sonne unterzugehen geruht, schlug ich vor, lieber den Rückweg anzutreten. Meinem Sohn passte das nicht, er beschloss, den noch weiten Weg allein weiterzugehen. Wer legt sich in einer solchen Situation schon mit einem 14-Jährigen an, also ließen wir ihn ziehen.

Burgmauer und Felsen in baulicher Einheit

Eingangstor zur Burgruine Kaleto

Unterwegs geschah nichts, aber wer kann sich vorstellen, welche verrückten Gedanken zumindest in meinem Kopf herumspukten? Ein fremdes Land, unbekanntes Gelände, unbekannte Gefahren, drohende Dunkelheit. Was, wenn etwas passiert, wenn er sich verläuft, abstürzt, von einem Vieh gebissen wird? Ohne Sprachkenntnisse! Jeder Meter Rückweg wurde zur selbst gegrübelten Tortur.

Endlich wieder in Belogratschik, kein Sohn am Auto, dafür hereinbrechende Dunkelheit. Und dann die Stimme: „Da seid ihr ja endlich, ich habe noch das letzte Brot beim Bäcker bekommen." Ich weiß nicht, was schwerer war: gelassen tun und die wahnsinnige Erleichterung unterdrücken oder eine künstliche elterliche Standpauke herauszuquetschen.

In der Abenddämmerung zeigten die Felsengebilde, warum die Menschen derartig viele Legenden und Geschichten um sie herum gesponnen haben. Da standen sie allein oder in Gruppen: Der Mönch, die Nonne, der

Mauern der Burgruine Kaleto

Die Felsen von Belogratschik

Bischof, Ziege und Ziegenhirt, der große und der kleine Klaus, Adam und Eva, sogar eine Camperin und einen Campingwächter soll es geben. Über 200 der Felsengebilde sind auf einer Fläche von 10 mal 2 Kilometer versammelt und harren ihrer Erlösung. Warum haben sie sich aber auch an den Gelübden vergangen, der Mönch und die Nonne? Nun müssen sie zur Strafe auf ewig versteinert hier herumstehen und auf eine legendäre Erlösung warten. Schlimmer noch, sie können sich nur für wenige Sekunden täglich als Schatten berühren. Und das schon seit Jahrhunderten. Da hatte es der Raubschlosswächter, in der Nähe der fernen Burgmauer ein wenig leichter. Die Leute hier wissen zu erzählen, dass der Kerl das Rauben trotz eines geleisteten Eides nicht lassen kann. Er sollte sogar eine kleine Schar Gleichgesinnter um sich versammelt haben, die man aber nur nachts in tiefer Dunkelheit erkennen könne, wenn man sich der Gruppe im Fackelscheine näherte. Gemeinsam zögen die Gesellen in der Gegend umher, raubten aber nur in weiter entfernten Wäldern und verschonten den hiesigen Landstrich.

Na, da hatten wir glücklicherweise nichts zu befürchten. „Hands up", raunte hinter uns eine Männerstimme. Und das mitten in der Stadt bei abendlichem Publikumsverkehr. Was blieb uns übrig? Hände aufs Autodach und vorsichtig über die Schulter geschielt. Es war ein einzelner Kerl, der uns mit einem waffenähnlichen Gegenstand bedrohte. Er quasselte was auf Bulgarisch, was ich als Forderung nach Geld interpretierte. Während ich umständlich nach der Brieftasche fummelte, sauste mein Sohn mitten auf die Straße, fuchtelte laut schreiend in der Gegend herum und weckte so die Aufmerksamkeit der Passanten. Eigentlich hätte der Räuber jetzt schnell das Weite suchen müssen, er blieb aber total verdattert, wo er war und schaute blöd meinem Sohn hinterher. Das war der Moment, als ihn ein mächtiger Faustschlag mitten in der Visage traf und zu Boden schickte. Ein Riese von Mensch lächelte uns weich an, schnappte sich den am Boden Liegenden und schleifte ihn in Richtung Polizeistation. Uns bedeutete er, zu verschwinden: „Policia dauert lange", meinte er mit breitem Grinsen. Trotz Schock hatten wir begriffen und verließen den schönen, aber zumindest teilweise unangenehmen Ort.

Und kamen auf der nächsten Reise wieder. Hier erfuhren wir auch die Geschichten um die vielen Felsengebilde. Sie sehen wirklich seltsam aus. Auf hohen, seltsam geformten Felssäulen thronen meist kleinere runde und flache Steingebilde, die dem Ganzen ihre phantastische rote Schönheit verleihen. Uns hatte es der Raubschlosswächter angetan. Tatsächlich sah er aus wie ein Rolanddenkmal in deutschen Städten. Allerdings hatte es den Anschein, dass er sein Schwert jeden Moment schwingen und benutzen konnte. Das darf er aber nicht, will er jemals aus seiner Versteinerung erlöst werden. Als die Türken die auf römische Herkunft zurückzuführende Festung einst fertiggestellt hatten, plünderten sie die Bauern der Umgebung derart brutal aus, dass die sich nur mit einem Aufstand zu wehren wussten. Obwohl der Aufstand niedergeschlagen wurde, konnten die Bauern einen der schlimmsten Peiniger gefangen nehmen. Und nur sein Versprechen, der einheimischen Bevölkerung nie wieder etwas anzutun, rettete ihm das Leben. Als Buße für seine Untaten soll ihn ein Einsiedler aus der Magura-Höhle in ein Felsengebilde verwandelt haben.

Gewitter über Melnik

Melnik, eine kleine Stadt im Südwesten Bulgariens nahe der griechischen Grenze, gilt als eine der schönsten Städte des Balkanlandes. Berühmt geworden ist Melnik durch die vielen Sandsteinpyramiden, die von Wind, Sonne und Wasser zu Säulen, Riesenkegeln oder Obelisken geformt worden waren, die kleine Stadt wie ein gigantisches Amphitheater einrahmen und der ganzen Gegend ihr charakteristisches Flair verleihen. Die typischen weißen Balkanhäuser strahlen mit ihrem sommerlichen Blumenflor eine berauschende Buntheit aus, die mit den ockerfarbenen Felswänden im Hintergrund eine traumhaft schöne Symbiose eingeht. Dazwischen schlanke Zypressen, die mit den Pyramiden zu wetteifern scheinen.

Mindestens ebenso berühmt wie die Felspyramiden ist der tiefrote schwere Wein, den es nur in dieser Gegend gibt. Vor und während der Türkenherrschaft war Melnik eine für damalige Zeiten große Stadt mit über 20 000 Einwohnern. Heute leben hier keine 300 Menschen mehr, ein langzeitig wirkendes Erbe der verheerenden Wut der einst zum Abzug gezwungenen türkischen Besatzer.

Wir kamen am Nachmittag in der Stadt an, bummelten die Haupt- und einzige Straße entlang und ließen das Wunder Melnik auf uns wirken, indem wir uns vorstellten, wie es hier vor Jahrhunderten wohl zugegangen sein mochte. Da erstand vor unserem phantasievollen Auge hoch über der Stadt die mächtige Burganlage als trutzige Grenzfestung wie aus dem Nichts und gab den Bürgern das Gefühl der Sicherheit und des Schutzes vor drohenden Gefahren. Auf den Straßen herrschte ein dichtes Gedränge von Menschen orientalischer und europäischer Herkunft, Händler boten Waren feil, wie sie im ganzen Lande nicht wieder zu finden waren. Ich stellte mir vor, auf der uralten Steinbogenbrücke zu stehen, unter mir das Rauschen des Struma zu hören und dem quirligen Treiben der Menschen, Eselsgespanne und Händler zuzusehen. Da liefen kräftige, junge Burschen die Hauptstraße entlang, trugen in dicht gewebten Beuteln den schweren Melnikwein in die Häuser und verschwanden schließlich in den geheimnisvollen Kellergewölben der Sandsteinfelsen. So muss es gewesen sein, bevor die osmanischen Heerscharen das Land überschwemmten und das bulgarische Volk für eine

Melnik – die kleinste Stadt Bulgariens

unendlich lang erscheinende Zeit in den Machtbereich des türkischen Halbmondes pressten.

Dumpfes Grollen vom Norden her und ein sich verdunkelnder Himmel zerstörten das Phantasiegebilde und ließen mich in die Wirklichkeit zurückfinden. Als die ersten Regentropfen deutlich machten, dass es nur noch eine Frage von Augenblicken sein konnte, bis sich das heraufziehende Gewitter entladen würde, war es an der Zeit, sich in die nächste Herberge zu begeben.

Wir flüchteten uns in eine kleine Weinstube, die einen urgemütlichen Eindruck machte. Die Gäste, dem Aussehen nach alles Einheimische, konnte man an einer einzigen Hand abzählen. Während sie die fremden Eindringlinge nicht wahrzunehmen gedachten, erstrahlte das Gesicht des Wirtes wie die aufgehende Sonne. Ohne Frage, aber mit entwaffnender Freundlichkeit, breitete er eine buntbestickte Tischdecke aus, stellte eine Karaffe Melnikwein und die berühmten braunroten und herrlich verzierten Keramikbecher auf den Tisch und erkundigte sich nach unserem Begehr. Eigentlich wollten wir nur einen Kaffee trinken, aber angesichts des draußen tobenden Wetters und der fortgeschrittenen Zeit entschlos-

Erdpyramiden umgeben die Stadt...

... mit ihren schönen, alten Häusern

sen wir uns zu bleiben, was Übernachtung und Abendessen mit einschloss. Nach Erfüllung aller kulinarischen Wünsche breitete sich eine wohlige Zufriedenheit aus, die nicht zuletzt auch der inzwischen zur Hälfte geleerten Karaffe zu verdanken war. Als es Zeit wurde, den Krug nachfüllen zu lassen, erschien nicht nur das Gesicht des Wirtes in einem noch strahlenderen Glanz, auch die einheimischen Gäste wandten uns ihre Aufmerksamkeit offen zu. Es dauerte nicht lange und eine illustre Tischrunde hatte sich zusammengefunden. Sprachprobleme gab es keine, der Wirt sprach österreichisch-deutsch, wie wir es von unserem Freund Petko aus Gorna Oriachovica kannten. Hinzu kamen einige Brocken Russisch unsererseits, die von den meisten in der Runde amüsiert gedeutet werden konnten.

Das Gespräch plätscherte so vor sich hin wie es zwischen Menschen verschiedener Herkunft und Kulturkreise überall auf der Welt üblich ist, bis plötzlich die Tür aufflog und ein völlig durchnässter etwa 50 Jahre alter Mann in den Gastraum mehr stolperte als trat. Dabei stieß er einige Schimpfwörter aus, deren Inhalt wir höflicherweise nicht verstehen konnten. Ich zog noch schnell einen Stuhl an unseren Tisch, um dem neuen Gast zu bedeuten, dass er sich gern zu uns gesellen könne. Aber der Mann suchte sich ohne weitere Worte im hinteren Teil des Raumes einen Platz.

„Recht so", brummelte Georgi, ein hiesiger Weinbauer, der sich neben dem Wirt als eine Art Gesprächsführer mit uns hervorgetan hatte. „Mustafa gehört nicht zu uns, musst du wissen." „Ich heiße Boris, nicht Mustafa", kam die Antwort aus der dunklen Ecke, was die übrige Gesellschaft zu einem kollektiven hämischen Lachen veranlasste. „Gebt Ruhe", polterte der sonst so freundliche Wirt, „bei mir ist jeder Gast gleich. Und wem es nicht passt, der sucht sich eine andere Schänke!"

Au weia, wo waren wir jetzt hineingeraten? Ein Streit zwischen Einheimischen hätte uns gerade noch gefehlt. Aber scheinbar war die Angelegenheit dann doch nicht so bedeutsam, die Gemüter beruhigten sich schnell. Mustafa oder Boris bekam einen Tee serviert, den er genüsslich schlürfte, zündete sich ein Pfeifchen an und ließ nur an seiner Kopfstellung erkennen, dass er den Gesprächen aufmerksam folgte, während seine restliche Körperhaltung absolutes Desinteresse am Geschehen rund um ihn herum signalisierte.

Draußen tobte noch immer, wenn auch nachlassend, das Gewitter. Die zuckenden Blitze beleuchteten mit zunehmender Abenddunkelheit die gespenstisch wirkende Bergwelt. Dabei fiel mir die Silhouette zweier eng aneinanderstehender Felssäulen auf, die bei einiger Phantasie das Bild einer übergroßen Statue eines Liebespaares entstehen ließen: rechts ein junger Mann mit Turban und links eine Mädchengestalt mit langem, zum Zopf geflochtenem Haar. Immer öfter schielte ich aus dem Fenster und begann, mir allerlei Geschichtchen zu dem Felsgebilde auszudenken.

Der Wirt schien mich dabei schon einige Zeit beobachtet zu haben, bevor er mich angrinste und fragte: „Dir gefallen die beiden da draußen wohl?" Etwas verwirrt, weil im Sinnieren unterbrochen, nickte ich, was von unserem Gastgeber entgegen aller bulgarischen Gepflogenheit auch als Zustimmung verstanden wurde. „Das sind das Mädchen und der Türke", erklärte der Wirt, „die haben schon lange vor dir die Gemüter der Menschen hier in der Gegend bewegt und für Aufregung gesorgt."

Bei einer weiteren Weinkaraffe erfuhren wir die seltsame Geschichte der Bulgarin Boria und des Türken Mehmet, die sich in historischen Vorzeiten zugetragen hatte und noch heute in den Gefühlen der Menschen tief verwurzelt zu sein scheint.

Lange, viel zu lange hielten die Türken die Balkanländer besetzt. Wenn sich auch einige Bulgaren mit dem Los abgefunden und arrangiert hatten, sannen die meisten auf Möglichkeiten, sich der Besatzer zu entledigen, oder wenigstens ihre Habe in eine Zeit zu retten, die ihnen die Freiheit wiedergeben würde. Einer, der mit den Besatzungstruppen und besonders mit deren militärischen Führern aus geschäftlichen Gründen recht gut konnte, war der Tabakhändler Grigoriow. Er hatte sich auf die Herstellung von Wasserpfeifentabak spezialisiert und fand unter den Türken begeisterte Abnehmer seiner Produkte. Ihnen kreierte eine besonders aromatische Mischung aus einheimischem Tabak und Traubenaroma, die nicht nur bei der türkischen Oberschicht wegen ihrer Geschmacksrichtung, sondern auch wegen ihres moderaten Preises gut ankam. Grigoriow war einer der wenigen Kaufleute, die damals reich wurden, ihre Privilegien voll nutzten und so anderen Landsleuten auch den einen oder anderen Vorteil, aber auch Schutz gewähren konnten.

Kein Wunder, dass die Burschen der ganzen Stadt eine oder mehrere Augen auf das hübsche Töchterchen des Kaufmanns geworfen hatten. Boria, so der Name der Schönen, ließ sich Zeit mit der Wahl ihres Zukünftigen. Züchtig und bescheiden lief sie durch den Ort, fiel niemals durch unangebrachtes Verhalten auf, genoss aber im Freundinnenkreis mit ihrer aufgeschlossenen und mädchenhaften Art eine besondere Achtung. Kurz: Boria war allseits beliebt und gern gesehen. Das bemerkte auch ein junger türkischer Soldat, der im Auftrage seines vorgesetzten Offiziers regelmäßig den begehrten Shisha-Tabak bei Grigoriow einkaufte und dabei zwangsläufig dem Mädchen begegnete. Und wie es nicht kommen durfte, verschossen der türkische und der bulgarische Amor gleichzeitig ihre Pfeile und ihre Zielpersonen verliebten sich ineinander.

Nun ist ein solches Ereignis keiner besonderen Erwähnung wert. Aber unter den politischen Gegebenheiten durfte diese Liebe nicht sein. Jedermann, gleichgültig auf welcher Seite er stand, musste die Verbindung zwischen den beiden jungen Leuten als verabscheuungswürdigen

Verrat empfinden. Zunächst fiel eigentlich niemandem etwas auf, aber als Boria immer seltener in der Stadt gesehen wurde, ihre gewohnte Fröhlichkeit verschwand und sie sich selbst den engsten Freundinnen gegenüber zerstreut und wortkarg verhielt, ahnten viele in ihrem Umfeld, dass es sich um Liebe handeln musste. Man tuschelte, lächelte nachsichtig und verhielt sich ihr gegenüber freundlich rücksichtsvoll. Hätte man gewusst, wer der Angebetete war, wäre es vermutlich in der Stadt zu einer mittleren Revolution gekommen.

Zu der kam es oben auf der Burg in der türkischen Garnison. Eines Tages war der Soldat Mehmet verschwunden: desertiert, entführt, heimtückisch ermordet, Vermutungen machten die Runde, genau wusste es keiner. Wie aber beim Militär üblich und bei Besatzungstruppen sowieso, reagierte man sofort. Mit harter Hand durchgreifen, strafen, für Nachhaltigkeit sorgen, Macht demonstrieren. Die Garnison strömte aus, Häuser, Weinkeller, Berge und Wälder wurden durchsucht – erfolglos, der Soldat blieb verschwunden. Also hieß es jetzt, militärische Stärke zeigen. Die jungen Männer der Stadt wurden zusammengetrieben, tagelang verhört, und als das alles nichts brachte, schleppten die Türken dreißig der Burschen in ein Gefangenenlager irgendwo in den Rhodopen. Melnik glich einem Pulverfass. Aus den umliegenden Orten, ja, selbst aus den großen Städten des Nordens kamen sie herbei: düster dreinschauende Männer jeden Alters, Kaufleute, Mönche, Bauern. Noch nie hatte die Stadt derart viele männliche Besucher und Gäste gehabt wie in diesen Tagen.

In all den Wirren, war es außer den Eltern und Hausbediensteten niemandem aufgefallen, dass Boria abschiedslos verschwunden war. Erst nachdem das Ereignis in das kollektive Bewusstsein der Einheimischen gedrungen war, setzte eine zweite Suchaktion ein, die die türkische bei weitem übertraf. Sogar des Nachts waren die Männer unterwegs. Sie drangen in Regionen vor, von denen die Besatzer nicht einmal ahnten, dass es sie gab – erfolglos! Wo sich die Suchtrupps beider Seiten ins Gehege kamen, gerieten sie auch schnell blutig aneinander. Die Situation drohte zu eskalieren.

Dem Augenmaß der Besonnenen unter den Rebellen war es zu verdanken, dass das Ganze nicht völlig aus dem Ruder lief. Borias Vater nutzte seine Verbindungen, um unermüdlich zwischen den Fronten zu

Rosa-weiße Naturskulpturen umgeben die Stadt wie eine Theaterkulisse

vermitteln. Trotz der Angst um seine Tochter war er es, der immer stärker die Fäden in die Hand nahm oder gegeben bekam, den Widerstand gegen die verhassten Osmanen unerkannt zu lenken. Im Verlaufe der Zeit entwickelte sich Melnik zu einem von den Türken gefürchteten, von den Bulgaren ehrfürchtig bewunderten Widerstandszentrum. Vielleicht ahnte Borias Vater eher als alle anderen den wahren Zusammenhang des Verschwindens seiner Tochter und des jungen türkischen Soldaten. Jedenfalls kam unter den Stadtbewohnern das Gerücht auf, nach dem die schöne Boria und der Türke...

Aber das Schicksal des jungen Paares wurde verdrängt durch die politischen Händel mit den Türken. Diese wiederum konnten den Melnikern selbst viele Jahre später den Ungehorsam und die eigene Ohnmacht nicht vergeben und verwüsteten bei ihrem endgültigen Abzug die Stadt so gründlich, dass sie sich bis heute von diesem Schlag nicht hat erholen können. Boria und Mehmed blieben verschwunden. Man sagte, sie seien in der Nähe des Rila-Klosters gesehen worden. Andere wollten wissen, dass sie in Tarnowo als Mann und Frau lebten, wieder andere schwörten drauf, dass beide ein Opfer des Pyramidengeistes geworden waren, weil sie in sein Reich ohne das übliche Opfer eingedrungen seien sich dort versteckt hätten. Die Suche nach ihnen hätte ihn in seiner ewigen Ruhe gestört, was er den Menschen so nicht verzeihen könnte.

Wie dem auch sei, seither verblasste der Glanz der Stadt stetig. Zuerst verlor die berühmte Blattgoldherstellung ihre Bedeutung, danach kam die Tabakproduktion zum Erliegen. Viele Menschen zogen auf der Suche nach neuer Arbeit Richtung Norden, die Kaufmannshäuser verfielen und lassen noch heute als Ruinen ihre einstige Pracht erahnen. So blieb auch von dem Haus der Grigoriows nur noch ein Schatten seines ehemaligen Glanzes erhalten.

Die Osmanen waren geschlagen, abgezogen, Bulgarien befreit und neu gegründet. Aber die Geschichte von dem türkischen Soldaten und dem bulgarischen Mädchen lebte in Abständen immer wieder einmal auf. Für die einen war es eine Schande, dass sich die beiden aufeinander eingelassen hatten, die anderen sahen in der Verbindung und der mit ihr einhergehenden Ereignisse den lang ersehnten Auslöser endlichen Aufbegehrens des geknechteten Volkes. Als dann auch noch die Pyramiden in der Nähe des ehemaligen Marktplatzes nach jedem Unwetter allmählich die Gestalt eines Liebespaares annahmen, war der Legendenbildung keine Grenze mehr gesetzt.

„Schau dir die Felsen einmal genauer an", beugte sich der Wirt nahe an mein Gesicht heran, „erkennst du am Arm des Mädchens die Abbruchstelle? Dort saß vor einigen Jahren noch ein kleiner Junge, den die Einheimischen Mustafa nannten. Während eines heftigen Unwetters hatte ein Blitz den Felsenknaben getroffen und ihn aus dem Arm der Mutter gerissen. Gleichzeitig drehte der gewaltige Einschlag den Kopf der jungen Frau nach links, sodass man den Eindruck hat, sie habe ihr Gesicht in tiefer Trauer um den Verlust von dem Geliebten abgewandt." Und tatsächlich, trotz oder wegen der Wirkung des Melnikweines konnte ich sogar eine Art dicker Träne im Gesicht der Verwunschenen erkennen.

„Just zu der Zeit, als das geschehen war, erschien Mustafa in unserer kleinen Stadt und ließ sich hier ohne jemanden zu fragen im alten Haus der Grigoriows nieder." Dabei deutete unser Wirt mit den Augen in die dun-

Langsamer Verfall endlicher Schönheit: die alte Melniker Steinbogenbrücke

kle Ecke, in die sich der regennasse Gast von vorhin verkrochen hatte. Die Tischrunde rückte eng zusammen, man flüsterte nur noch, wir verstanden kein Wort von der Unterhaltung. Ich begann zu ahnen, was sich die Melniker hier in ihrer Phantasie zurechtgebastelt hatten. „Das Felsenkind hat sich der Pyramidengeist geholt, nachträglich, als Geschenkopfer für das unbefugte Eindringen der Menschen in seine Welt. Da er aber ein Geist der Einheimischen ist, ließ er den Knaben als Türken-Mustafa wieder lebendig werden." Dabei lachte der Wirt, dass ihm der Atem ausging. „Ich heiße Boris!", ließ sich die Stimme aus dem Hintergrund vernehmen. Und wie zur Bestätigung folgte von draußen ein letzter heftiger Donnerschlag, der das Gewitter beendete.

„Übrigens, seitdem der Geist sich das Opfer geholt hat, geht es wieder aufwärts mit unserer kleinen Stadt. Touristen wie ihr bringen einen kleinen, aber gern gesehenen Wohlstand hierher." „Und außerdem hat uns der Geist seine wunderschönen Pyramiden und den Melnikwein gelassen", grinste Weinbauer Georgi, „und den da hinten bauen wir als lebende Legende auf." Bei einer solchen Geschäftstüchtigkeit konnten

Sanfter als der Balkan: die Rhodopen

wir uns nicht zurückhalten und ließen eine neue Karaffe heranbringen.

Auf der Fahrt an den Schwarzmeerstrand beschlossen wir, von Sofia aus den Weg durch die Rhodopen zu nehmen. Wie wir vorher wussten und später erfuhren, war das für uns als sozialistische Brüder wegen der Nähe zur griechischen Grenze gar nicht möglich. Trotzdem versuchten wir es. Und prompt gerieten wir in eine Straßenkontrolle, die uns bedeutete, umzukehren und eine andere Route einzuschlagen. Auf die Frage, ob es nicht doch eine Möglichkeit gäbe, diese wildromantische Berglandschaft zu bereisen, nickte das uns kontrollierende Mädchen heftig mit dem Kopf. Leider konnten wir uns im Folgenden wegen mangelnder Sprachkenntnisse nicht verständigen, welche Straße wir fahren mussten. Ob wir unbedingt umkehren müssten, wollten wir wissen, das Mädchen schüttelte sein hübsches Köpfchen, wir dankten ihr herzlich und fuhren gut gelaunt weiter, ein wenig verwundert, dass sie und ihre netten Kollegen ein Stück des Weges gestikulierend hinter uns her rannten, dann aber schließlich aufgaben.

Bulgarienkennern wäre das nicht passiert. Sie wissen, dass es eine Eigenart dieses freundlichen Volkes ist, bei „Nein" mit dem Kopf zu nicken und bei „Ja" denselben zu schütteln. Da man aber damals begann, sich den europäischen Gepflogenheiten zumindest gegenüber den Touristen anzupassen, konnte es schon einmal zu Missverständnissen kommen. Wir jedenfalls genossen die herrlichen Rhodopen, ihre wunderschön anzusehenden romantischen Dörfer und die uns immer wieder staunend und freundlich lächelnd betrachtenden Bewohner. Wir müssen ihnen ebenso exotisch vorgekommen sein, wie uns die vielen, in den Morgenstunden an den Bushaltestellen wartenden Frauen, die zur Arbeit gefahren werden wollten, während die Männer ein Eselchen, ein paar Schafe oder ein Pferdchen bewachend im Grase lagen und sich erschöpften.

Vom besonderen Wert des gewöhnlichen Gummihammers

An der bulgarischen Schwarzmeerküste baute Petko neben uns sein Zelt auf. Wir merkten schnell, dass er blutiger Neucamper war. Mit einem riesigen Sandstein versuchte er, die Zeltheringe in den Boden zu dreschen. Der Stein zerbrach, die Heringe stellten sich stur und dachten nicht daran, die ihnen zugeteilte Aufgabe wahrzunehmen. Freundlich lächelnd reichten wir unseren Gummihammer rüber. Petko strahlte, wir auch.

Der Gummihammer stellt sich zunächst erst einmal als Gerät zum Einschlagen der für die Befestigung von Zeltleinen notwendigen Zeltpflöcke, genannt Heringe (übrigens laut Duden mit e und nicht mit ä zu schreiben) dar. Er hat die Vorteile, wegen seiner großen Aufschlagfläche mit weniger Fehlschlägen auszukommen, gegenüber dem Metallhammer wesentlich leiser, aber doch kräftig in der Wirkung zu arbeiten und auf Grund seiner Elastizität weniger Heringe zu demolieren als gleichgewichtige Vorschlaghämmer.

Doch das allein macht seinen Wert bei weitem nicht aus. Er ist auch ein ausgesprochen wertvoller Kontaktschaffer zu Neuankömmlingen auf dem Campingplatz. Wenn man als eingesessener Parzellenmieter zusehen muss, wie sich der neue Stellplatznachbar mit einem Stein oder einem winzigen Hämmerchen plagt, um die sich permanent sträubenden Heringe in den harten Boden zu klopfen, bietet man seinen Gummihammer als willkommene Hilfe an. Der schweißüberströmte Neuling wird das Angebot dankbar annehmen und nach Ende der Plackerei den Gummihammer freundlich zurückbringen. Jetzt ist der Moment gekommen, wo man ein fachsimpliges Gespräch anfangen sollte und schon hat der Hammer seine Funktion als Kontaktschaffer erfüllt.

So ist es uns in vielen Fällen ergangen. Wir mussten nicht das laute Picken des Metallschlägers ertragen und der neue Nachbar lernte uns als hilfreiche, freundliche Menschen kennen. Außerdem konnten wir uns des stolzen Gefühls einer guten Tat erfreuen. Am Abend erschien unser neuer Nachbar mitsamt in Schale geworfener Familie, Gattin, Töchterchen und Sohn, um unseren Hammer zurückzubringen. Ein Fläschchen selbstgebrannter Slibowitz und selbst hergestellte, eingeweckte Leberwust waren auch dabei. Schnell packten auch wir einige unserer Raritäten dazu und der Plausch konnte beginnen.

Petko beherrschte drei Brocken Deutsch, wir drei Brocken Russisch und der Rest war Körperzappelsprache. Da Petko den Sommer über in Österreich als Blumenverkäufer arbeitete, lernten wir auch gleich die wichtigsten umgangssprachlichen Kraftausdrücke dieses Völkchens kennen. Freudestrahlend kam Petko am Morgen nach dem Gelage auf uns zu und teilte uns voller Stolz mit, dass er ab sofort auch ein „großes Haus" besäße und wir nicht denken sollten, er sei ein armer Mann. Wir verstanden nichts, bis er ein gebrauchtes Steilwandzelt heranschleppte, das er einem Kumpel für viel Geld abgekauft hatte. Von nun an fühlte er sich uns ebenbürtig. Daraus erwuchs eine herrliche Freundschaft. Wir trafen uns noch Jahre später abwechselnd in Petkos und unserer Heimat und lernten prächtige Menschen kennen und achten. Und da sage einer, der Gummihammer sei nur ein Gerät zum Einschlagen von Zeltpflöcken.

Bulgarische Freunde

Einmal wollten wir in Bulgarien Freunde besuchen und schlugen unseren „Klappi" auf dem Campingplatz bei Veliko Tarnowo auf. Eigentlich ist das Camp ein Hotel mit dazugehörigen Stellplätzen. Für uns bisher bekannte bulgarische Verhältnisse war die Anlage fast feudal, wenn auch die vielen streunenden Hunde und Katzen recht nervig sein konnten. Von hier aus besuchten wir die Stadt, für jeden Bulgarienreisenden ein Muss. Die gigantische Festung Zarevez, die Lage der Stadt an sich und ihre den Reisenden auf Schritt und Tritt begleitende Geschichte vermitteln überwältigende Eindrücke.

Ein Muss für jeden Bulgarienreisenden: die gigantische Festungsanlage des Zarevez

Blick auf Veliko Tarnowo

Eingang zum Zarevez mit Bischofspalast im Hintergrund

Der von uns besuchte Freund hatte leider kurzfristig einen Auslandsaufenthalt antreten müssen, deshalb mussten uns diesmal seine Frau und Kinder allein empfangen. Sie hatten aber für Ersatz gesorgt, die Mutter des Freundes war anwesend und man erwartete noch den Vater und weitere Verwandte – und das in einer Zweizimmer-Plattenbau-Wohnung. Gut, dass wir uns auf dem Campingplatz einquartiert hatten.

Der Abend wurde lang, die Sprachprobleme sorgten für Stummheit, nicht aber für Bewegungsarmut der Füße und Hände. Soviel verstanden wir aber dann doch: Am nächsten Tag sollten wir unseren Aufenthalt in Veliko Tarnowo beenden und ein verstecktes Balkandorf anfahren, welches den herkünftigen Stammsitz der Großfamilie unseres Freundes darstellte.

In abenteuerlicher Reise ging es wie einst von Karl May beschrieben durch die Schluchten der Balkan. Irgendwann um die Mittagszeit hatten wir das Dorf erreicht – keine Menschenseele war zu sehen, der Dorfplatz lag wie ausgestorben, und doch ließ uns der gastgebende Bruder unseres Freundes mitten auf dem riesigen Platz anhalten. Erst ein wenig später merkten wir, dass die gesamte Dorfbewohnerschaft uns aus höflicher, sicherer Entfernung beäugte. Eine uralte Oma durchbrach die uns umgebende Einsamkeit und wollte die exotischen Deutschen aus der Nähe betrachten. Das brach den Bann, und alle, alle kamen, um uns herzlich zu begrüßen.

Unter einem Laubengang von Weinreben hatten die freundlichen Gastgeber eine lange Tafel mit allerlei Salaten, Gemüse und sonstigen Genüssen aufgebaut. Wein und Pflaumenschnaps gab es im Überfluss. Neben der Tafel brutzelten in der während des Sommers obligatorischen Freiluftküche duftende Fleischgerichte, die unsere Knoblauch-Abwehr-Instinkte mächtig in Wallung brachten. Wir erlebten eine Art Minivolksfest bulgarischer Gastfreundschaft.

Trotzdem waren wir froh, die herzliche Runde endlich verlassen zu dürfen, was nicht an unseren Gastgebern, sondern vielmehr an der begrenzten Aufnahmefähigkeit unserer Mägen lag. Ein naher Verwandter unseres Freundes lud uns zu sich nach Hause in Schumen ein, Widerspruch war zwecklos, selbst Verweise auf abgesprochene Treffzeiten mit Bekannten auf dem Campingplatz am Schwarzen Meer verhallten im fröhlich-freundlichen Wortschwall unserer neuen Freunde.

In den Abendstunden erreichten wir Schumen, eine Stadt mit einem riesigen Denkmal, Khan Asparuch, den Gründungsvater Bulgariens, darstellend. Da wir bereits am nächsten Morgen in Richtung Schwarzmeerküste weiterreisen wollten, beschloss unser Gastgeber, uns noch am selbigen Abend seine Heimatstadt vorzustellen. Er setzte uns in seinen „Lada" und raste mit schwindelerregendem Tempo durch die Stadt. In Kurzaufenthalten lernten wir alle wichtigen Sehenswürdigkeiten kennen, derer es wahrlich nicht wenige in der Uralthauptstadt Bulgariens zu besichtigen gibt.

Den Anfang bildete die urige Kneipe eines der vielen Kumpel unseres Gastgebers. Dann ging es weiter zu einer wunderschönen Moschee, die wir wegen Ermangelung des Torschlüssels und der fortgeschrittenen Stunde nur von außen besichtigen konnten. Danach rasten wir eine Serpentinenstraße hinauf zum Heiligtum, dem erwähnten Denkmal des ersten Staatsgründers Khan Asparuch. Man stelle sich vor, Blattgoldintarsien nur durch eine Kordelabsperrung vom Besucher getrennt, keine Wache weit und breit, kein noch so winziger Kratzer am Denkmal – dahinter muss viel Verehrung und Geschichtsbewusstsein der Menschen stehen.

Wir hatten uns vor der Reise ein wenig kundig gemacht über bulgarische Geschichte und so konnten wir unauslöschlichen Eindruck bei unserem „Reiseleiter" mit dem Wissen zum dargestellten Geschehen schinden. Das veranlasste ihn, uns zu nächtlicher Stunde in die gigantische Burgruinenanlage der Stadt zu schleppen, die wir im Mond- und Scheinwerferlicht ohne Besuchermassen ganz allein besichtigen durften. Woher unser Freund den Eingangsschlüssel hatte, bleibt sein Geheimnis, vermutlich hatte der erste Anlaufpunkt in der Kneipe seines Kumpels etwas damit zu tun.

Irgendwann war Schluss mit der Besichtigungstour. Wir wussten nicht, ob wir traurig darüber sein sollten oder dankbar dafür, dass wir heil und unversehrt die rasante Autofahrt überstanden hatten. Wieder festen Boden unter den Füßen, setzte der Verstand allmählich wieder ein. Viele Fragen wollten gestellt werden und drängten auf Antworten. Zum Beispiel bewegte mich noch immer das monumentale Denkmal, erbaut anlässlich des 1300-jährigen Bestehens des Bulgarenreiches. Riesige Steinquader umhüllen die figürlich und in Mosaikform dargestellte Geschichte Bulgariens von Khan Asparuch bis Zar Simenon.

Einst war die Gegend um Schumen mit den alten Hauptstädten Pliska und Veliki Preslav der historische Kern des Bulgarenreiches. Selbstverständlich interessierte uns dieser geschichtsträchtige Boden besonders, obwohl wir einen Besuch auf unserer diesjährigen Reise noch gar nicht eingeplant hatten. Umso dankbarer waren wir für die sich spontan ergebende Fügung, einen einheimischen Kenner der Materie getroffen zu haben, der nur uns zur Verfügung stand und alle Fragen auch beantworten wollte. Wir plauderten fast die ganze Nacht lang über das alte und neue Bulgarien. Und lernten ein wenig von der Seelenwelt des Balkanvölkchens kennen, ohne sie wirklich zu verstehen, aber zu achten.

„Hat denn niemand bisher versucht, an den Goldintarsien des Denkmals zu kratzen und etwas davon zu klauen?", fragte mein Sohn, der bis heute nicht zu sagen weiß, was ihn damals mehr beeindruckt hatte, das Monument, die mächtige Festungsanlage oder unser bulgarischer Temperamentsbolzen als Fremdenführer. Mir ging es ebenso. „Na klar",

Der Madara-Reiter

griente unser Gastgeber, „das ist dem Jungen aber nicht gut bekommen."
„Auf ihm lastet der Fluch des Khans", flüsterte seine Frau geheimnisvoll, indem sie eine neue Kanne frisch gebrühten Tee auf den Tisch stellte. Dem Slibowitz hatten wir seit einiger Zeit entsagt, schließlich lag am nächsten Tag noch ein weiter Weg vor uns. Wie war das mit dem Fluch, wollte auch ich jetzt unbedingt wissen. Und das soll sich zugetragen haben:

Ein ortsbekannter Kleinganove namens Wassil hätte eines Nachts versucht, das Gold aus den Fugen zu kratzen. Dabei hätte er sich sämtliche Finger der rechten Hand gebrochen und lief danach verkrüppelt im Ort umher und bettelte mitleidige Touristen an, ihm einige Lewa zu überlassen. Von den Einheimischen wolle niemand mit dem Frevler etwas zu tun haben, außerdem sei er vor nicht allzu langer Zeit aus der Gegend hier verschwunden. Khan Asparuch würde seit dem Tag nach dem Verbrechen ein seltsames Lächeln im Gesicht haben und nicht mehr so grimmig aussehen. Das könne man aber nur bei untergehender Abendsonne erkennen.

Einmal besuchten wir den Campingplatz am Felsenrelief von Madara. Damals konnte man Reiter, Hund und Löwe noch einwandfrei erkennen.

Die für die Renovierung notwendige Verhüllung wurde erst später angebracht. Freunde, die das Nationalheiligtum erst vor kurzem besucht hatten, berichteten von einem Führer, der eine auffällig verkrüppelte rechte Hand hatte und nicht müde wurde, von einem Geheimnis zu berichten, das das Reiterrelief umgab.

Er hätte erzählt, dass der als legendärer Staatsgründer verehrte Kahn Asparuch in Wirklichkeit diesen Ruhm nicht verdiene. Das Relief beweise, dass Bulgarien bereits im Jahre 165, dem Jahr der Schlange, gegründet worden wäre. Das könne man der Symbolik der Figuren entnehmen: der Reiter als Symbol der Sonne, der Hund, das Mondsymbol, und der Löwe als gleichnamiges Gestirn. Unter dem vom Reiter erlegten Löwen läge die das Jahr der Gestirne beweisende Schlange. Ich habe erfahren, dass selbst Wissenschaftler der eigenartigen Deutung des weltberühmten Madara-Reiters, des Madarski Konnik, zu folgen bereit seien. Unsere Freunde berichteten auch, dass der seltsame Fremdenführer sich mit Wassil anreden ließ.

Der Schumen-Aufenthalt beschäftigt unsere Gedankenwelt noch heute. Das Campinggespann hatten wir für die Nacht unter Bäumen abgestellt, die, wie wir des Morgens erkennen mussten, von hunderten Tauben besiedelt waren – es bedurfte vieler Putzunternehmungen, bevor wir später ein wieder einigermaßen vorzeigbares Gespann unser Eigen nennen konnten. Vorerst aber übernachteten wir bei unserem neuen Freund, was nicht ohne viel Esserei und noch mehr Slibowitz abgehen durfte. Unter einer selbstgebauten Dusche im Bad unseres Gastgebers – eine an einem Drahtgebilde aufgehängte Gießkanne – versuchten wir uns für die Weiterfahrt ein wenig zu ernüchtern, was so gut wie aussichtslos war. Glücklicherweise lotste uns unser Freund, der sich für seine Gäste aus Deutschland einen Tag arbeitsfrei gegönnt hatte, durch die Stadt und unter geschickter Umgehung sämtlicher Polizeikontrollen auf eine Landstraße zur freien Weiterfahrt Richtung Schwarzmeerküste. Der Restalkohol in unseren Köpfen verflüchtigte sich allmählich und wir konnten in Erinnerungen schwelgen oder uns der Landschaft erfreuen, beides blieb bis heute nach so vielen Jahren unvergesslich haften.

Bulgarische Freunde zu haben, ist nun einmal etwas ganz Besonderes.

Das Rila-Kloster

Schwarzmeerküste

Bulgarien ist ein Land voller Schönheiten, seien es die stolzen Klöster, die liebevoll gepflegten historischen Stätten, die malerischen Ortschaften, die phantastischen landschaftlichen Kleinode oder die Warmherzigkeit der Menschen.

Man gab sich immer große Mühe, den Gast herzlich zu empfangen, es sei denn, es wurden auf einmal zu viele. Und so war es dann auf den Campingplätzen am Schwarzen Meer. Gastfreundschaft wurde durch Routine ersetzt, das Geschäft mit geringer Gegenleistung dominierte. Hatten die Plätze im Inland noch ein ansprechendes Niveau, waren die Seeplätze, wie wir sie erlebt haben, in oft erbärmlichem Zustand. Am schlimmsten war es um die Sanitäranlagen bestellt. Es war so schlimm, dass wir wie die meisten anderen Camper in den umliegenden Wäldchen wie zu Urzeiten die Notdurft verrichteten. Und das war wegen der stinkenden „Tretminen" nicht ganz gefahrlos. Aber was sollte man tun? Chemietoiletten kannte der DDR-Camper nicht. Und sich auf zwei Backsteine mitten in eine mehr oder weniger überdachte Kloake zu hocken war nun wahrlich nicht unsere Sache.

Waldkirche in den Bergen um Borovez

Alte römische Bogenbrücke

Heimatliche Ex-Bulgarienreisende hatten uns die südliche Schwarzmeerküste als uriges Campingparadies empfohlen. Hier bestünde noch ein relativ tourismusburgenfreies Revier, abseits des Gold- und Sonnenstrandgewimmels. Zumindest das Urige war erkennbar, wenn man darunter Servicelosigkeit verstand. An sich nicht sonderlich von den Campinganlagen außerhalb Ungarns verwöhnt, erwarteten uns hier biwakartige Zustände mit in Ansätzen erkennbaren Versuchen einer campingähnlichen Arealgestaltung. Die Sanitäranlagen bestanden aus unter einer überdachten Ummauerung von jeweils zwei Backsteinen umzingelten Erdlöchern und einigen Wasserhähnen. Das Ganze wurde umrundet von ständig unter Wasser stehenden Matschpfaden. Außerhalb des Campingplatzes zogen sich nett anzusehende Niedrigwäldchen mit lichtem Unterholz hin. Es kroch allerdings auch einiges Getier dort umher, was die Toilettenausweicher zu besonderer Vorsicht gemahnte.

Glasklares Wasser am Strand von Losenez

Heißer Sand zwischen Düne und Wasser

Der Campingplatz selbst bestand aus einer langgestreckten, von Kuhlen und Hügelchen durchzogenen ungemähten und ebenso ungepflegten Wiesenfläche unter Bäumen. Ein unbefestigter Weg durchschnitt das Gelände. Zum Meer hin trennte eine Düne das Campingareal vom breiten Strand, der in seiner Längsausdehnung von Felsenklippen eingerahmt wurde. Eingezäunt waren alle von uns in Augenschein genommenen Plätze in der Gegend, im Laufe der Jahre aber mit einer Unmenge von Durchlässen zu den Wäldchen versehen. Rezeptionen zur formularpflichtigen Einweisung gab es auch überall. Versorgungseinrichtungen waren schon spärlicher gesät. Wir hatten auf unserem Platz zumindest eine Kioskreihe mit Angeboten von Fleischwaren, Schafskäsen, Konserven und Obst. Während die Stände der beiden Erstgenannten hauptsächlich von Fliegenscharen besucht wurden, hatten die anderen regen Käuferzulauf. Brot und sonstige Waren des täglichen Bedarfs („WtB" im DDR-Sprachgebrauch) konnte man im näher oder ferner gelegenen Ort erwerben.

Wir hatten somit noch einen recht guten Platz erwischt, weswegen wir ihn insgesamt auch dreimal heimsuchten. Mit uns reiste – reiner Zufall – ein Männlein, das wir „Kennick" tauften. Der Bursche stammte aus der Berliner Gegend, trug stets schwarze Turnhosen und T-Shirts, dazu halblange rote Socken und blaue Stoffturnschuhe. Den ganzen lieben Tag lang suchte er mit einem riesigen schwarzen Dobermann an der Leine alte Bekannte auf und versammelte Neuankömmlinge um sich. Dabei tönte er laut und schrill sein Wissen um Land und Leute unter die ihm Zuhörenden. Alle paar Minuten hörte man ihn laut „Kenn ick" rufen, womit er auszudrücken gedachte, schon vor allen anderen am themagebenden Ort gewesen zu sein.

Der Mann hatte eine penetrante Art, seine Gesprächspartner auszuhorchen, was dazu führte, dass bereits sein entferntes Erscheinen die Leute zum Strand entfleuchen ließ. Dorthin folgte er selten, war doch der Sand, oder besser der aus sandfein gemahlenen Muschelschalen braune Strand, dermaßen heiß, dass selbst blaue Stoffturnschuhe nach einer Hitzeisolierung lechzten. Es sah urkomisch aus, wenn Neuankömmlinge hüpfend mit schmerzverzerrten Gesichtern so schnell wie möglich das kühlende Wasser zu erreichen suchten. Zurück ging es wegen der noch nassen Fußsohlen ein wenig besser, die restliche Strandhälfte musste aber wieder im Flamencoschritt zurückgelegt werden. Bei genauerer Beobachtung konnte man schnell erkennen, wer absoluter Neuling hier auf dem Campingplatz war oder Wiederholungstäter wie wir. Die Letzteren tanzten nicht mehr, sondern trugen hitzefeste Sandalen.

Bei unserem zweiten Besuch weckte uns statt der üblichen Fliegenplage der Schreckensruf: „Hier bin ick wieda!" Kennick storchte rotbestrumpft durchs Gelände und verkündete lauthals: „Diesmal ohne Hundchen, dafür mit neuem Frauchen!" Und dabei konnte er sich vor Lachen ausschütten, ohne jemanden damit anzustecken. Frauchen grinste einfältig. Im Laufe der Tage glich sie sich äußerlich dem Herrchen immer stärker an. Als auch sie in roten Socken und kleinem Schwarzen erschien, hatte das geflüchtete Lachen die Campergemeinde wieder.

„Frauchen" quirlte tagsüber durch die Gegend und drängte sich zur Dämmerstunde in die spontan gefundenen Schwätzchenkreise. Erschöpft

Camping bei Losenez hinter der Düne...

... und in den Dünen

ließ sie sich in das mitgebrachte Stühlchen fallen und mischte sich hemmungslos in die Gespräche der Anwesenden. Man tauschte sich aus über Grenzerlebnisse, gab sich Tipps für unbedingt zu erwerbende Souvenirs, ließ sich über Campingplätze im Allgemeinen und den hiesigen im Besonderen aus und übertraf sich beim Ausbreiten abenteuerlicher Begebenheiten.

Irgendwann kam die Sprache auf Reiseziele, die man noch zu besuchen gedachte. Eingedenk weiser Erfahrungen äußerte ich den Wunsch, die große Sowjetunion in ihrem asiatischen Teil bereisen zu wollen. Aber auch das dem Bulgarien benachbarte Griechenland mit seinen historischen Stätten würde mich reizen. Andere schwärmten von Italien und Spanien, „Frauchen" wollte nichts von der dekadenten Kapitalistenwelt wissen und schloss sich meinem Wunsch nach besserem Kennenlernen der Sowjetunion an. Und so träumten wir von Reisen, von denen wir die meisten niemals unternehmen werden könnten. Als die Sprache auf die nahe gelegene Grenze zur Türkei kam und einige Leutchen unter Wirkung des süßen Dessertweines fantasievolle Pläne auszumalen begannen, wie leicht man doch eigentlich... An dieser Stelle zog ich es vor, müde zu werden und mich zur Nachtruhe zu begeben.

„Na, wohin geht es im nächsten Jahr", fragte mich – längst wieder zu Hause – mein vorgesetzter Chef, „zuerst nach Samarkand oder nach Olympia?"

Im dritten Jahr unseres Aufenthalts lebte Kennick wieder ohne Frauchen, dafür zerrten ihn jetzt zwei (!) Dobermänner über den Platz. Eine spätere Rote-Socken-Kampagne eines längst vergessenen Politikers der Bundesrepublik löste bei uns Erinnerungen aus, die im fernen Bulgarien ihren Ursprung hatten und die nicht unerheblich zu unserer Erheiterung mit bitterem Beigeschmack beitrugen.

Obwohl fest in DDR-deutscher Hand, gab es doch genügend Kontakte zu bulgarischen Touristen. Kennick nannte sie „Eingeborene", die seine schöne Muttersprache dummerweise nicht verstanden und mit denen man sich deshalb nur – wenn überhaupt – aus einer Mischung von Kolonialsprache und Babyberlinisch unterhalten konnte. Beispiel: „Du kennen jutes Happahappa-Häuschen in Losenez?" Er wollte sich nach einem Restaurant im Nachbarort erkundigen. Antwort des Bulgaren: „Soll es ein Schnellimbiss sein, oder kannst du schon mit Messer und Gabel essen?" Daraus entwickelte sich eine Dauerfehde zwischen den beiden.

Ihren Höhepunkt erreichte sie in einem durch zu laute Radiomusik ausgelösten Streit, während dem der Bulgare seinen Gastgeberstatus hervorhob und Kennick seine Devisen-Ostmark in den Ring warf. „Ich bin hier zu Hause und Sie sind nur geduldeter Gast!", brüllte der Bulgare. „Und ich bezahle euch Hungerleider mit meinem hart verdienten Geld", kreischte Kennick retour. Da sich niemand parteinehmend in den fast handgreiflich zu werdenden Kampf einzumischen gedachte, gaben die brudervölkischen Streithähne irgendwann erschöpft auf. Ob Kennick das Jahr darauf wieder auf dem Kampfplatz erschien, entzieht sich leider unserer Kenntnis.

Nur in der Hitze der bulgarischen Sonne zu liegen, war nicht nur nicht auszuhalten, es hätte die weite Reise auch nicht gerechtfertigt. Also suchten wir schon während unseres ersten Bulgarienurlaubs die

Nessebar

Kirche „Christos Pantokrator"

Sehenswürdigkeiten der Schwarzmeerküste in Form ihrer wunderschönen historischen Städte auf. Tiefen Eindruck hinterließen die beiden Schwarzmeerperlen Nessebar und Sozopol.

Am liebsten bummelten wir abseits der Touristenströme durch entlegene Gässchen und suchten scheinbar einsam gelegene, aber von den Einwohnern besetzte Plätzchen auf. Da Bulgaren im allgemeinen sehr gastfreundliche Leute sind, genügte meist ein kleines verlegenes Lächeln, um mit den Menschen in Kontakt zu kommen. In Sozopol trafen wir auf ein altes Ehepaar, das es sich am kleinen Hafen auf einer Bank unterhalb einer mit Weinreben bedeckten Mauer bequem gemacht hatte.

Da wir schon einige Zeit unterwegs waren, breitete sich ein allmählich stärker werdendes Hungergefühl aus. Wir beschlossen – übrigens zum ersten Mal in Bulgarien – in einer Gaststätte nach Art des Landes zu speisen, ohne Rücksicht auf Kosten und Folgen. Und so sprachen wir die beiden Leutchen an und baten um Empfehlung einer auch von Einheimischen gern besuchten Gaststätte. Zu unserem Erstaunen verstanden die Leute jedes unserer Worte. Wie sich später herausstellte, hatte das ursächlich etwas mit der unseligen Zeit des Weltkrieges zu tun. Der Alte erhob sich und bedeutete uns, ihm in eine Pforte zu folgen, die wir erst jetzt als Gaststätteneingang unter der quellenden Wucht der Weinreben an der Mauer ausmachten. Wir staunten nicht schlecht, über die wunderschöne kleine Taverne, in die wir nach Erklimmen einer wackelig aussehenden Treppe eintraten.

Unser Führer stellte sich als Seniorchef des Familienbetriebes vor, fragte nach unseren Wünschen und bemerkte sehr schnell, dass wir von bulgarischen Speisegewohnheiten und einheimischer Küche keine Ahnung hatten. Also ergriff er die Initiative und lehrte uns in einem Crash-Kurs, was der Touristenmensch über der Bulgaren liebste Beschäftigung, dem ausgiebigen Essen und Trinken, wissen sollte. Das Tafeln dient hier nicht nur der Sättigung und dem lukullischen Genuss, sondern auch der gepflegten Konversation. Übrigens hätten sie diese Eigenheit aus der griechischen Gründerzeit Sozopols, einst Apollon genannt, über alle Zeiten gerettet. Pfiffig, wie das Völkchen nun einmal sei, hätten sie von allen Besatzern deren kulinarische Feinheiten aus Strafe für die Eroberungen in die eigene Speisekarte übernommen.

So erzählte es uns der Wirt, während in der Küche von Frau und Tochter das Menü zubereitet wurde. Ein kurzer historischer Überschlag im Geiste sagte mir, dass ein kaum noch übersehbares Völkergewimmel seine Spuren in der Küche hinterlassen haben musste: Griechen, Römer, Kreuzfahrer, Byzantiner, Türken und Russen, Letztere aber mehr als Freunde begrüßt. Die Römer hatten Apollonia Pontica unter ihrem Heerführer Marcus Lucullus erobert, nomen est omen.

Unser Mahl begann mit der in Bulgarien üblichen Salatspeise. Sie bestand aus Gurken, Dill, geriebenen Walnüssen, gepresstem Knoblauch in Sauermilch. Unserer Bitte, auf Knoblauch zu verzichten, kamen die Gastgeber schmunzelnd, aber auch ein wenig verwundert nach. Nun sei es keine echte „Snežanka", Schneewittchen, mehr, meinte der Wirt. Zum Salat gehörten zwei Sto-Gramm-Gläser mit Mastika, einem 40-prozentigen Anisschnaps. Glücklicherweise bestand der Inhalt des Glases

Hier lohnt sich die Einkehr

für unseren 14-jährigen Sohn aus Mineralwasser. Einhundert Gramm Vierzigprozentiger! Und das zur Vorspeise, dazu bedurfte es mit Sicherheit einiger Übung, die wir nicht hatten. Hier wurde mir klar, dass es mit der Autorückfahrt zum Campingplatz nichts werden würde. Vorsichtig erkundigte ich mich nach einer Übernachtungsunterkunft. „Wird schon hergerichtet, lasst euch Zeit und genießt."

Mastika schmeckt eigenartig, bei späteren Gastronomieaufenthalten zogen wir die für Touristen kleinere 50-Gramm-Variante Pflaumenschnaps oder Grozdova rakija, einen Weinbrand, vor.

Wir erwarteten spannungsvoll das Hauptgericht. Es wurde eine Suppe serviert, die für die hiesige Gegend und an der ganzen Küste typische, deftige Fischsuppe Ribena chorba. Zum Reinlegen gut! Unseren Wirt freute es sichtlich, wie wir reinhauten. Erst danach rollte das Hauptgericht an: mit Ei und Schafskäse gefüllte Paprikaschoten, dazu gebackene Auberginen, frittierte Zucchini und in Weinblätter gewickeltes Hackfleisch mit Reis. Beim Anblick dieses Festmahls gab meine Frau auf. Sie konnte nur noch ein wenig in den Speisen stochern. Unsere Gastgeber erklärten, dass wir viel Zeit hätten, der Genüsse zu frönen. In Bulgarien esse man wegen der anhaltenden Hitze sowieso nur lauwarme oder kalte Gerichte, währenddessen die Uhren automatisch still stünden.

Verwundert, aber wegen der allmählich eintretenden Sättigung froh, stellten wir fest, dass sich keine der uns bekannten Beilagen wie Kartoffeln o.Ä. auf den Tellern befanden. Hier nehme man Weißbrot, erfuhren wir, wenn wir aber lieber Kartoffeln mochten, sollten wir es unbedingt sagen. „Gemüsebeilagen" würde man hierzulande separat bestellen. Den zum Essen servierten Rotwein kannten wir bereits von zu Hause: Gamza. Ihn konnten wir neben anderen bulgarischen Weinen auch in der Heimat kaufen, wenn auch nicht immer und zu jeder Zeit.

Wer denkt, das Festmahl sei nun zu Ende, irrt. Obst und jede Menge in Zuckersirup getränkte Gebäckstücke standen jetzt zur Auswahl. Jahre später lernten wir in einer Gaststätte als krönenden Abschluss noch die weit verbreitete zuckersüße Schokoladentorte kennen. Der krönende Abschluss war auch hier noch nicht erreicht. „Ohne Espresso endet bei uns keine Speisefolge", meinte der Gastgeber. Und was für ein Espresso! Unwillkürlich dachten wir an den heimatlichen Kaffee. Selbst der Mokka war gegen das hier ein laues Wässerchen. Nach Abschluss des Gelages ahnten wir ein wenig, was Lucullus einst hier angerichtet hatte.

Das zweite Anliegen einer bulgarischen Tafelei, die ebenso ausführliche Kommunikation, brachte uns eine Menge an Kenntnissen über Geschichte, Land und Leute eines außerordentlich sympathisch-gastfreundlichen Volkes.

Nach dem Essen genossen wir den Hafenblick mit den im Wasser dümpelnden weiß-bunten Fischerbooten, lauschten dem Rauschen der Brandung und folgten dem Spiel der Möwen, nahmen das Bild der in der Sonne trocknenden Fischernetze und unter den Dachgesimsen dörrenden Fische in uns auf. Ein Geruch von Feigen und Trockenfisch lag in der Luft. Vollgefuttert saßen wir auf der Terrasse und hörten den Legenden und Sagen zu, um die wir unsere freundlichen Gastgeber gebeten hatten.

Staunend erfuhren wir, dass unser Campingplatz berühmter historischer Boden war. Soll doch am Strand der Hengstbucht, wie Atliman übersetzt wird, einst die schöne Bulgarin Stana mitsamt ihrem Pferd vor Erschöpfung gestorben sein. Der Sultan hatte um ihre Hand angehalten. Die Schöne willigte ein unter der Bedingung, dass alles Land, was

Wandgemälde am Batschkowo-Kloster

Das Batschkowo-Kloster

sie an einem Tag umreiten könne, steuerfrei von ihren bulgarischen Landsleuten bewohnt werden dürfe. Der Sultan solle in Verehrung der tapferen Prinzessin sein Wort gehalten haben, was man von den Türken eigentlich nicht gewohnt gewesen sei.

Eine andere Geschichte drehte sich um die Entstehung des Klosters Sveti Georgi in Pomorie, welches wir am nächsten Tag zu besuchen beabsichtigten. „Oh, eine berühmte Stätte, die ihr da aufsuchen wollt", meinte unser Gastgeber. „Vor euch war schon der Apostel Andreas in Pomorie, das damals noch den griechischen Namen Anchiara trug", grinste der Alte schelmisch. Schon immer hätten sich dort Mönche angesiedelt, waren vertrieben worden und seien zurückgekehrt.

Als die Türken im 17. Jahrhundert das Kloster endgültig zerstörten, siedelte sich hier ein reicher osmanischer Gutsbesitzer namens Selim Bay an und gedachte, sich im fremden Lande ein angenehmes Herrscherleben zu gestalten. Aber bald erkrankte er schlimm und hatte keine Hoff-

Das Rila-Kloster

In der Kirche des Rila-Klosters

nung auf Heilung. Da träumte ihn eines Nachts, dass an einer Stelle seines neuen Besitzes eine Wunderquelle sprudelte, deren Wasser alle Krankheiten heilen könne. Am nächsten Morgen grub der verzweifelte Mann an verschiedenen Stellen des Geländes und stieß dabei auf eine Reliefplatte mit dem Bildnis des Heiligen Georg, dem Märtyrer und Drachentöter. Nach dem Anheben der Platte sprudelte darunter eine Quelle hervor, die es noch heute geben solle. Selim Bay trank von dem Wasser und ward auf der Stelle geheilt. Aus Dankbarkeit nahm er den christlichen Glauben an, errichtete eine kleine Kapelle und wurde Stifter des neu entstehenden Klosters. Er soll später sogar Abt des Klosters geworden sein und vermachte seinen gesamten Grundbesitz der Kirche.

Müde geworden vom feudalen Essen und den unerschöpflichen Geschichten unseres Wirtes, verbrachten wir nach einem Abendspaziergang die Nacht im gastfreundlichen Sozopol. Ausgestattet mit dem Wis-

Ausgrabungen bei Madara

sen einheimischer Legenden, besuchten wir später zielgerichtet einige der Stätten, von denen uns der Alte erzählt hatte.

Und so standen wir nicht nur staunend, sondern ehrfurchtsvoll vor den steinernen Zeugen alter Zeiten in Nessebar, Batschkovo, Rila, Madara, Schipka und vielen anderen. Zwar benötigten wir einige Jahre dafür, aber immer war die angenehme Stimme des alten Bulgaren aus Sozopol in unseren Gedanken dabei.

Grenzerfahrung

Auf der Rückreise aus Bulgarien wollten wir noch einmal die wilde Schönheit der rumänischen Bergwelt erleben. Aus Zeitgründen blieb uns aber nur eine Süd-Nord-Passage über die Transfagaras, der romantischen Magistrale des gleichnamigen Gebirges. Nach endloser Wartezeit konnten wir den damals noch im Bau befindlichen Tunnel auf dem höchsten Punkt der Straße passieren. Danach breitete sich vor uns das großartige Panorama der Bergstraße mit ihren unzähligen Serpentinen aus. Um den Anblick so richtig genießen zu können, ließen wir die Fahrzeugschlange an uns vorbeiziehen und richteten uns auf einem kleinen Parkplatz, oder besser, einer flachen Stelle über dem Steilhang der sich windenden Straße, ein. Von hier aus hatten wir einen herrlichen Blick auf des Panorama der Transfagarasch bis weit hinab in das tief unten irgendwo verlaufende Tal.

Einige Straßenwindungen unter uns konnten wir eine Familie beobachten, die vermutlich wie wir ein Aussichtsplätzchen gefunden hatte und sich einem Picknick mit Aussicht hingab. Die Leute, ein erwachsenes Paar mit Töchterchen, Skoda und kleinem Lastenhänger, waren mit sich und der Landschaft so intensiv beschäftigt, dass sie nicht bemerkten, wie hinter ihnen in knapp 100 Metern Entfernung eine Braunbärenfamilie, bestehend aus Bärenmama und zwei umherpurzelnden Bärenkindern, aus dem nahen Wald hervorgetrottet kam.

Nun hatten wir von Reisenden gehört, dass derartige Begegnungen zwar selten, in letzter Zeit aber häufiger zu beobachten waren. Die freilebenden Tiere hätten die Scheu vor den Menschen abgelegt und die Touristen als lohnende Nahrungsquelle entdeckt. Nicht, dass sie die Menschen zu verspeisen gedachten, sie wollten sich nur von deren Leckerbissen verwöhnen lassen, die ihnen aus den vorbeifahrenden Autos zugeworfen wurden. Viele Menschen waren sich aber der Gefahr nicht bewusst, die von den scheinbar putzigen Raubtieren ausgehen konnte. Als wir die Familie unter uns arg- und ahnungslos neben ihrem Fahrzeug sitzen sahen, versuchten wir nach der ersten Erstarrung, lärmend und schreiend auf das vermeintliche Unheil aufmerksam zu machen. Aber erst nach wildem Hupen und – zugegeben nicht verantwortbarem – Steinewerfen, gelang es uns, die Aufmerksamkeit der Bedrohten auf uns zu lenken. Der Krach hatte aber auch unsere kleine Bärenfamilie erreicht. Mit zwei, drei Sprüngen begaben sich die Kleinen unter den Schutz der Mutter und alle drei verschwanden im Wald.

Die Leute unter uns schauten sichtbar ratlos zu uns herauf, packten aber ihre Sachen ein und kletterten zu unserer Erleichterung in ihr Gefährt. Das Töchterchen zeigte uns noch einen Vogel und der Skoda setzte sich langsam in Bewegung. Just in diesem Moment kam die Bärin aus dem Unterholz hervor, und mit einer ihr niemals zugetrauten Geschwindigkeit raste sie auf das Auto zu und knallte mit ihrer Pranke an die hintere Tür des Fahrzeugs, drehte sich herum und verschwand, als sei nichts passiert, langsam wieder im Gehölz. Der Skoda stand still, nichts rührte sich. Wir sprangen schnell in unser Auto und fuhren, so schnell es unter den Straßenbedingungen ging, hinunter zur vermeintlichen Unfallstelle. Doch hier war niemand mehr, kein Auto, keine Touristenfamilie, keine Bären. Alle hatte inzwischen das Weite gesucht.

Wir waren jedenfalls froh, dass nichts weiter passiert war und zuckelten in Richtung Sibiu. Der Schreck kroch nur langsam aus den Gliedern, deshalb beschlossen wir, in dem alten Herrmannstadt einen Ruhetag einzulegen. Nur so viel noch: Vom letzten rumänischen Geld kauften wir uns eine Gitarre, die damals in der DDR nur als Mangelware gehandelt wurde. Das Instrument legten wir clever auf die Hutablage, so musste jeder Zöllner denken, dass es sich um ein Urlaubs-Wander-Gerät handelte. Im Klapphänger versteckt wäre jeder doch sofort auf die Idee gekommen, dass es sich bei der Gitarre um Schmuggelware handeln könnte. So klug gedacht – so dämlich gemacht!

Am nächsten Tag erreichten wir die Grenze zwischen Rumänien und Ungarn. Wie erwartet, mussten wir uns in eine endlose Warteschlange einreihen und durften uns angesichts fleißiger Zöllner und Grenzer die Zeit vertreiben, sofern sie dann hin und wieder einmal zu sehen waren. Die restliche Zeit investierten wir in Gespräche mit Leidensgenossen, tauschten Urlaubserfahrungen aus und hofften auf baldige Bewegung der Wartegemeinschaft in Richtung Grenzschranke.

In einer längeren Unterhaltungspause mangels neuer Themen entdeckte ich plötzlich in der Nebenspur einen Skoda mit Lastenhänger, besetzt mit Mann, Frau und kleinem Mädchen. Die hintere Tür des Wagens war eingebeult und sah zerkratzt aus. „Wie ist denn das passiert?", fragte ich den Fahrer. Und der erzählte mir die unglaubliche Geschichte von einem Bären, der seine Tochter angreifen wollte und den er nur durch sein mutiges Dazwischengehen mittels eines riesigen Stocks von seinem mörderischen Vorhaben abbringen konnte. Das Untier hätte sich von dem Kind abgewandt und sei mit starrem, Grauen erregendem Blick auf ihn eingestürzt. Nur seiner über lange Jahre antrainierten Wendigkeit hätte er es zu verdanken gehabt, dass er in sein Auto springen und davonrasen konnte. Leider hätten einige unvernünftige Leute oberhalb des Platzes der Ereignisse mit Felsbrocken nach dem flüchtenden Tier geworfen und dabei seinen Wagen an der Seite beschädigt.

Ich hatte nach dieser Story keine Lust mehr, mich mit dem – wie ich an seinem Kfz-Kennzeichen erkennen konnte – Bewohner einer sächsischen Großstadt weiter zu unterhalten.

Im Übrigen bewegte sich unsere Spur der Warteschlange recht schnell Richtung Kontrollstelle und ich war froh, dabei sein zu dürfen. Aber dann stand wieder alles und die Nebenspur bewegte sich. Mein sächsischer Gesprächspartner rollte mit freundlichem Grinsen vorbei und begab sich in die Hände der Grenzkontrolleure. Die winkten nicht, sondern beorderten ihn auf ein separates Stellplätzchen neben der Schranke. Ich nahm nur noch wahr, wie sich einige der Uniformierten an der Tür mit der Bärendelle versammelten, dann hatte auch mich das Schicksal in Form eines düster dreinblickenden Zöllners ereilt. Er stellte die üblichen Fragen nach Wodka, Banditi und sonstigem Schmuggelgut. Auf mein freundliches Verneinen all seiner Anliegen griff er nach der auf der Hutablage liegenden Gitarre, untersuchte sie gründlich und deutete ohne weitere Worte auf das im Innenboden des Instruments aufgeklebte Etikett. Anschließend kritzelte er eine Zahl über Hundert auf einen Zettel und grinste mich fragend an. Ich zeigte ihm meine Brieftasche, die von jeglichem Geld befreit war und zuckte mit den Schultern. Dem Gesicht meines Sohnes konnte ich ansehen, dass es nur noch Sekunden bis zur Explosion zur Rettung seiner geliebten Gitarre dauern kann. Der Staatsbeamte klemmte das Instrument unter den Arm und streckte die Hand nach der auf dem Rücksitz liegenden Tasche meiner Frau aus. Die durfte er keinesfalls durchwühlen, waren in ihr doch alle Devisen für den Ungarnaufenthalt und für die Durchreise durch die Tschechoslowakei verbuddelt.

Zum Glück fiel mir in diesem Moment ein, dass ich ja noch einige rumänische Benzintalons in der Jackentasche stecken hatte, deren Rücktausch ich wegen des Palavers mit meinem sächsischen Landsmann glatt verschusselt hatte. Die hielt ich dem Uniformierten unter die Nase. Der grinste über das ganze Gesicht, griff nach den Talons, legte die Gitarre zurück ins Auto und sprach: „Besuchen Sie uns bald wieder in der Volksrepublik Rumänien." Das Ganze hatte nur wenige Minuten gedauert, lief ab wie ein Stummfilm und erschien mir doch wie eine Ewigkeit.

Kurze Zeit später hatten wir die ungarische Grenzkontrolle passiert und begaben uns auf die Suche nach einer gastronomischen Einkehr, die wir in Form eines kleinen Cafés auch schnell gefunden hatten. Nachdem wir uns gestärkt, beruhigt und erholt hatten, wollten wir das Café verlassen, als die Tür aufging und wütende sächsische Laute an unser Ohr drangen. Der Bärenvertreiber nebst Anhang erschien auf der Bildfläche, erspähte mich und kam schimpfend herangestürzt: „Diese Ganoven, rauben von Staats wegen harmlose, ehrliche Touristen aus. Dieses Land sieht mich nicht wieder." Und dann erzählte er, dass die Grenzer wissen wollten, woher der Schaden an seinem Auto stamme. Ohne verkehrspolizeiliche Dokumentation dürfe er Rumänien nicht verlassen. (Diese Tatsache war eigentlich jedem Ostreisenden bekannt.) Nach langem Hin und Her hätte er seine Propangasflasche hergeben müssen, um ohne polizeiliche Bescheinigung die Grenze passieren zu dürfen. Von mir wollte er wissen, ob ich noch eine zweite Flasche dabei hätte, die ich ihm leihweise überlassen könnte. Leider musste ich verneinen, was mir einen grienend fragenden Blick meines zur Ehrlichkeit erzogenen Sohnes einbrachte. Ich empfahl dem Zeitgenossen aber, in Ungarn eine Flasche zu erwerben und vorsichtshalber zu überlegen, wie er die Beule an seinem Auto an der nächsten Grenze glaubhaft erklären wolle. Er schaute mich ratlos an und fragte, ob wir nicht zusammen die nächste Grenze passieren könnten, wobei ich den dortigen Grenzern sein Missgeschick bestätigen könnte. Ich wollte aber nicht, schließlich mussten wir der Puszta noch einen Besuch abstatten. Es kann aber auch sein, das es andere Gründe gab, die ich inzwischen vergessen habe.

Tschechoslowakei

Freunde hatten uns angeregt, einmal den am Ende der Slowakei gelegenen Zemplinsker Sirava zu besuchen. Es handelt sich dabei um einen Stausee in der Nähe der Grenze zur damaligen Sowjetunion, bei Michalovce gelegen.

Das Gebiet sei nicht nur die wärmste Gegend des Landes, sondern noch in seiner Ursprünglichkeit erhalten geblieben. Es befände sich im Aufbruch zu einem Erholungszentrum und sei von vielen Campingplätzen umgeben. Das mussten wir sehen und erleben, zunächst mit Klappi am Haken, später im kleinen Wohnwagen Qek Junior. Die Animation war erfolgreich. Immer wieder zog es uns dorthin, weil die Reise

Zemplinsker Stausee

so schön weit und somit der Weg an sich das eigentliche Urlaubsziel werden konnte.

Wir fanden am „Zempel" einen Campingplatz, der in seiner Naturbelassenheit kaum übertroffen werden konnte. Ein kleiner Ver-

Einfahrt und Rezeption zum Campingplatz

kaufskiosk hinter einem Rezeptionshüttchen mit gewaltiger Schranke und einer Reihe Plumpsklositzen unter einem riesigen Wellblechdach bildeten das Zentrum des Camps. Dazu kam eine lange gemauerte Rinne mit jeder Menge manchmal funktionierender Wasserhähne. Einer davon war etwas höher angebaut, sodass man einen Eimer für das in der Zeltküche benötigte Wasser unterstellen konnte. Den Rest des Platzes bildeten weitläufige ungemähte Wiesenflächen unter einigen Baumreihen. Man baute sein Zelt auf, wo Platz war und der Nachbar es zuließ.

Eine bekannte Familie hatte sich ein Plätzchen nahe am Wasser gesucht, dabei aber nicht beachtet, dass der Wasserspiegel nicht konstant blieb. Als sie eines Morgens aufwachten und sich von Wasser umgeben

Campingplatz am Stausee

Blick aus dem Zelt zum See

selbst den Weg zum morgendlichen Bad einsparen konnten, meinten sie, doch ein wenig nahe am Wasser gebaut zu haben. Andere hatten als ihren Stellplatz eine der vielen Senken gewählt, um einer Art Sandburgenmentalität zu frönen. Leider war der Boden dermaßen hart, dass ein neben uns campierender Tscheche mit der Spitzhacke zu arbeiten begann, um die Fläche ein wenig zu begradigen (Was die Leute nicht alles mit sich rumschleppten?). Mit einem kräftig ausgeholten Schlag zerfetzte er sein hinter ihm schon teilweise aufgebautes Zelt. Aber nicht genug des Unglücks, die mühselig zurechtgehackte Kuhle erwies sich beim nächsten Regen als wasserfest, der Arme soff unbarmherzig mit Sack und Pack, Frau und Kind ab.

Wasser ist gefährlich, Feuer ebenso. Ein stolzer Petrijünger hatte jede Menge Fischlein gefangen, die er nach gebührender Bewunderung durch die Campergemeinde zu räuchern gedachte. Dazu hatte er sich eine Rohrkonstruktion gebastelt, in die er seine Beute fein säuberlich hineinhängte und unter allgemeiner Anteilnahme das Feuerchen entzündete. Und just in diesem Moment begann es, langsam zu regnen. Deshalb zog er den Räucherofen in sein Vorzelt und heizte weiter tüchtig ein. Vermutlich hat er zu viel des Guten getan, denn plötzlich stand das ganze Zelt in Flammen. Der vereinte Rettungseinsatz wurde von Erfolg gekrönt, das Zelt gab es zwar nicht mehr, der Ofen hatte aber keinen Schaden genommen, die in ihm hängenden Fische auch nicht. Und so wurde es noch ein recht alkoholfröhlicher Abend. Retter und Gerettete, aber auch die von einer Feuersbrunst verschonte Nachbarschaft genossen das glückliche Ende einer erst im Nachherein bewusst gewordenen Katastrophensituation. Wir waren übrigens mittendrin.

Die vom Vihorlat-Gebirge in die pannonische Ebene abfallende Landschaft brachte es mit sich, dass unvermittelt heftige Luftbewegungen in Form anhaltender Stürme auftraten. Zuerst hörte es sich an, als käme von weit her eine mächtig fauchende Dampflok herangerollt, das Dröhnen wurde immer stärker und schließlich raste das Ganze mit Brachialgewalt über den Campingplatz.

Im ersten Besuchsjahr saßen wir im Inneren unseres Klappfix-Zeltcaravans und hielten stundenlang die Zeltstangen fest, während das Regenwasser heimlich in die für den nächsten Tag vorbereitete Möhrensuppe plätscherte. Außerdem hatte unsere Zeltplane einen kleinen Riss abbekommen, den meine Frau sich am nächsten Tag anschickte, kunstvoll zu flicken. Da sie aber durch irgendein Geschehen in der Umgebung abgelenkt wurde, spähte sie neugierig in die Gegend, um unvermutet samt Gestühl und Nähzeug in das abgespannte Zelt zu krachen. Der neu entstandene Riss war wesentlich länger als der vom Sturm verursachte.

In späteren Jahren konnte uns der „Zempelsturm" im kleinen Plastikwohnwagen nichts mehr anhaben. Dafür hatten wir nun Zeit, das Geschehen auf dem Platz zu beobachten: Dort knickte eine hochgewachsene Pappel um, an anderer Stelle sauste ein Zelt vorbei, welches sich aus der Verankerung gerissen hatte; Eimer, Schüsseln, Luftmatratzen und sonstige Gegenstände grüßten im Vorbeifliegen. Nach meist einer Nacht und einem Tag war der Spuk dann vorbei. Die Leute tauschten ihre gefangenen Sachen aus, halfen sich gegenseitig beim Wiederaufbau ihrer Leinwandvillen und waren – sofern sie es nicht vorzogen abzureisen – schnell wieder guter Dinge. Es sei denn, sie mussten, und wer musste es nicht, die Toiletten benutzen. Es zog nicht nur erbärmlich, vom Gestank wollen wir nicht reden, das allgemein als stilles Örtchen bezeichnete Gebäude vollführte einen derart unerträglichen Wellblechlärm, dass man kaum ohne gesundheitliche Schadensnahme wieder in die erlösende stürmende Freiheit außerhalb der Bude entrinnen konnte.

King-Kong machte den Zempelsturm zum ersten Mal mit. Gemeint ist ein Kerl wie ein Baum, den wir wegen seiner stattlichen Figur so getauft hatten. Er lebte mit seiner Model-Freundin in einem kleinen Bergzelt unmittelbar neben seiner knallroten Nobelkarosse, mit der er tagsüber die Straßen um Michalovce unsicher machte. War er einmal nicht unterwegs, zeigte er jedem, der es sehen oder nicht sehen wollte, seinen durchtrainierten Muskelbody. Dann kam der Sturm. Wir sahen, wie King-Kong aus dem Zeltchen geschossen kam, zu seinem Auto raste, die Türen aufriss und wieder zuschlug, schließlich einen Baum ansprang, umarmte und minutenlang nicht wieder losließ. Inzwischen raffte sein Frauchen alles zusammen, was dem Urlaubsaufenthalt gedient hatte, schmiss es in das Auto, und beide suchten noch in selbiger Nacht das Weite. Ein Jahr später waren sie wieder da. Wir auch.

Michalovce, die Stadt am Stausee, hieß auf Deutsch einst Großmichel. Das ließ auf eine ehemals deutsche Besiedelung schließen, was uns allerdings wenig interessierte. Bis wir eines Tages völlig unerwartet einen Arbeitskollegen hier am Ende der für uns bereisbaren Welt trafen. Er marschierte uns so eben einmal unvermittelt in die Arme, als wir nach ausführlichem Bummel ein Café verließen. Groß war das Erstaunen auf beiden Seiten. Da arbeitete man seit Jahren täglich zusammen und wusste doch nichts voneinander. „Was machst du denn hier?", so die Frage noch vor der Begrüßung.

Was wusste ich eigentlich von Rudi? Er war ein sehr ruhiger, fast unauffälliger Zeitgenosse, menschlich sehr sympathisch, über sich redete er nie. Er wanderte gern und ausgiebig, war sehr naturverbunden und stammte von seinen Wurzeln her irgendwie aus dem Tschechischen. Über Vertreibung und Flucht hatte er nie gesprochen. Ich kannte ihn als immer gepflegte Erscheinung, bedacht auf sein Äußeres ohne eitle Aufdringlichkeit. Wie er jetzt so vor uns stand, bot er ein Bild der Jämmerlichkeit in dreckigen Klamotten, zerzaustem Haarschopf und übermüdetem Gesichtsausdruck.

Kein Wunder, wie wir jetzt erfuhren. Rudi hatte den letzten Tag und die Nacht in einer Verhörzelle der slowakischen Polizei verbracht. Wie das? Er war nicht zufällig in diese abgelegene Gegend gereist, sondern auf der Suche nach Spuren der Vergangenheit. Vor einigen Jahren war er schon einmal hier gewesen und hatte einen alten Friedhof mit Grabsteinen einst hier siedelnder deutscher Vorfahren entdeckt. Den wollte er nun genauer erkunden. Anders als bei seinem ersten Besuch war das Gelände heute abgesperrt, der Eingang zugemauert und alle Durchlässe irgendwie verbaut. Er hatte aber trotzdem eine Lücke gefunden und sich ins verbotene Gelände geschmuggelt. Drinnen ging er ans Werk und notierte sich Namen und Daten der hier begrabenen deutschstämmigen Ahnen. Als er wegen der hereinbrechenden Nacht den Friedhof wieder verlassen wollte, stellte er fest, dass seine Einbruchstelle inzwischen verschlossen war und Stimmen von außerhalb signalisierten, dass er nicht allein im Gelände war. Zu seinem Erschrecken musste er erkennen, dass sich eine Gruppe Uniformierter vor der Mauer niedergelassen hatte, die keine Anstalt machte, bald wieder zu verschwinden. Also musste er sich verstecken und der Dinge harren, die da geschehen würden. Das Harren dauerte bis in die Morgenstunden. Bei Tagesanbruch kletterte er vorsichtig über die Mauer, um prompt einem Wachposten in die Arme zu springen. Sein Weg führte von hier geradewegs in den Polizeiknast. Stundenlange Verhöre wechselten mit quälendem Alleinsein ab, bis er ohne weitere Erklärungen vor die Tür gesetzt und freigelassen wurde. Und jetzt wäre er auf dem Wege in sein Urlaubsquartier, um sich zu waschen und auszuschlafen. „Da wird sich Ihre Frau aber Sorgen gemacht haben", sorgte sich meine Frau um ihre Geschlechtsgenossin. „Ach, die ist es gewohnt, ein paar Tage ohne mich auszukommen."

Wie wir später erfuhren, war es tatsächlich so, dass Rudi nicht selten einmal kurze Zeit verschwunden war. Erst im letzten Urlaub hatten ihn tschechische Grenzer eingefangen, als er mit ihnen und polnischen Kollegen an der gemeinsamen Grenze sein Spielchen getrieben hatte, indem er auf einem Grenzkammweg wiederholt die Landesterritorien wechselte und dem Kinderspiel „Fang-mich-doch" eine neue Variante zufügte. Sie

Bllick auf das „Meeresauge"

hatten ihn trotzdem gefangen und er blieb drei Tage im Gewahrsam der Tschechen. „Interessant ist, dass die hiesigen Behörden von meinen damaligen Verfehlungen keine Ahnung hatten. Also funktioniert die totale Überwachung nicht lückenlos. Das lässt hoffen. Und somit erhält mein kleines Abenteuer hier doch noch einen positiven Sinn."

Aber auch sonst war es nicht ungewöhnlich, dass Rudi während seiner Wanderungen über Nacht irgendwo im Walde blieb. Zu diesem Zweck hatte er immer ein kleines Besteck, einen Tablettenkocher und eine Beutelsuppe bei sich, „Das Zeug haben sie mir nicht abgenommen", verkündete er freudestrahlend und klopfte auf einen kleinen Lederbeutel an seinem Gürtel.

Auf seine Frage, was wir an unserem letzten Tag in der hiesigen Gegend noch vorhätten, verrieten wir, dass wir auf dem Wege zum Morske Oko, einem sagenumwobenen Kratersee, übersetzt „Meeresauge", waren. „Oh", meinte Rudi, „die Einheimischen sagen, wenn man den See umrundet, kann man in der Nacht von der Zukunft träumen." Das „Auge" schaue direkt in den Himmel und könne so die Bilder zukünftigen Geschehens einfangen. „Und du hast den See wohl nicht umrundet, sonst wärst du nicht in die Fänge der Miliz geraten", musste ich lachen. Erstens wären die Uniformierten keine Miliz, sondern Wachsoldaten der nahen tschechoslowakisch-sowjetischen Grenze gewesen und zweitens hätte er sehr wohl von der Zukunft geträumt, nämlich dass er uns hier treffen würde, verabschiedete er sich von uns. Was für ein Kerl!

Später, wieder zu Hause, haben wir beschlossen, über das Treffen Stillschweigen zu bewahren, zumindest bis genügend Gras darüber gewachsen war und niemand mehr dumme Fragen dazu stellen wollte. Deshalb kann ich hier auch nicht erzählen, wie die Verhöre abliefen und was die Polizei alles von meinem Kollegen wissen wollte, welche Gedanken und Gefühle ihn in der langen Nacht zwischen den Grabstätten bewegt hatten und warum die Slowaken eine solche Geheimniskrämerei um den alten Friedhof gemacht hatten.

Wir besuchten Morske Oko, den einst aus einem Vulkankrater entstandenen See und erwarteten ein düsteres Gewässer, um das sich unheimliche Legenden rankten. Stattdessen fanden wir ein ruhiges, verträumtes Plätzchen Natur, an dem man sich sofort heimisch fühlte und am liebsten länger verweilen wollte. Die Zeit hatten wir aber nicht, und schon gar nicht, die 14 Hektar umfassende Wasserfläche zu umrunden, wie Kollege Rudi es empfohlen hatte. Trotzdem wanderten wir bis zum Einbruch der Dunkelheit den Uferweg unter dichten Buchenwäldern wenigstens ein Stück weit den See entlang. Das klare, ruhige Wasser spiegelte die Abendsonne und der Abschied fiel uns schwer. Aber es musste sein.

In der Nacht träumte ich allerlei verrücktes Zeug, von alpinen Bergen um und venezianischen Gondeln auf dem Morske Oko. Um nicht ausgelacht zu werden, verlor ich kein Wort über meine Träumereien. Damals wussten wir noch nicht, dass es unsere letzte Reise an den Zempel gewesen sein sollte, den wir nach viermaligem Besuch ins Herz geschlossen hatten. Wir schrieben das Jahr 1989.

Mit unseren Reisen waren wir vorgedrungen bis an die Westgrenzen des sowjetischen Imperiums und an die uns von Staats wegen erlaubten. Natürlich hätten wir als Camper auch in die Sowjetunion reisen können. Als wir aber von Freunden erfuhren, die dieses Abenteuer gewagt hatten, welche bürokratischen Hürden speziell auf russischer Seite zu überwinden waren, verzichteten wir vorerst auf dieses Vergnügen. Wir hatten weder Lust auf tagelanges Warten an den Grenzübergängen, noch wollten wir uns einer „Marschroute" unter ständiger Beobachtung und

Kontrolle irgendwelcher sichtbarer und unsichtbarer Begleiter unterwerfen. Zugegeben: In punkto Sicherheit waren die Intourist-Veranstalter einsame Spitze(!).

Ein Reiseland der sozialistischen Brudergemeinschaft ließen wir absichtlich aus: die Volksrepublik Polen. Einige Tagesreisen, die wir in grenznahe Städte unternommen hatten, reichten aus, um einen längeren Aufenthalt immer wieder zu verschieben. Schlechte Erfahrungen mit an uns versuchten diebischen Räubereien bauten Vorbehalte auf, die es uns schwer machten, Vertrauen zu der sicher überwiegenden Mehrheit unserer ehrlichen und liebenswerten polnischen Nachbarn zu fassen. Gern hätten wir die Masuren besucht, die Planung war auch bereits weitgehend gediehen, aber dann kam der Fall der Mauer. Von nun an gab es kein Halten mehr, die Masuren waren vergessen, der Rest der Welt wurde plötzlich verlockender. Was damals nicht geworden ist, kann aber noch werden, schließlich ist Polen nicht verloren.

4 Ossis im Westen

Der Sommer 1989 lag hinter uns. Wir waren wieder zu Hause. Im Lande und in uns rumorte es. Sich der Fluchtwelle anzuschließen, erschien uns aus verschiedenen Gründen nicht als die Lösung der Probleme. Aber wie sollte es weitergehen? Erfahrungsgemäß werden unsere Regierenden angesichts der aufmüpfigen Bevölkerung jetzt selbst die kleinsten gewährten Erleichterungen zurücknehmen. Aus den Bruderländern waren längst ungezogene Buben geworden. Mit denen zu verkehren, verbot sich von selbst. Also erwarteten wir täglich Verordnungen wie geschlossene Grenzen auch in Richtung Osten, Visaschikanen und noch mehr Überwachung. Und dann kam alles anders!!

Schabowski verquatschte sich und öffnete versehentlich die Westgrenze. Die alte Garde im Politbüro erstarrte im für uns glücklichen Tiefschlaf und die jahrzehntelang gewohnte kleine Welt Made in DDR brach in sich zusammen wie ein Kartenhaus. Was uns als Erstes so richtig bewusst wurde, war die Erfüllung eines Urtraums von uneingeschränkter Reisefreiheit. Schön gedacht, ohne gut gefüllte Reisekasse blieb die Verwirklichung des Traumes auch nur ein Traum.

Aber immerhin: Jetzt durften wir endlich. War es früher eher möglich, auf den Mond zu gelangen, als in die nahen Alpen, stellte sich die Situation jetzt schlagartig anders dar. Irgendwie würde es schon gehen.

Und es ging! Im Juli des Jahres 1990 trat in der DDR die Währungs-, Wirtschafts- und Sozialunion in Kraft. Gerade rechtzeitig zur neuen Reisesaison gelangten wir in den Besitz des Westgeldes, was uns veranlasste, jeden Pfennig zusammenzukratzen und kühne Reisepläne in die bisher verbotene Zone zu schmieden. Die Anzeige eines italienischen Adriaplatzes, in der ostdeutschen Campern ein verbilligter Aufenthalt angeboten wurde, erleichterte uns die anstehende Entscheidung. Die nördliche Adriaküste bei Venedig sollte es sein. Reispässe besaßen wir aus DDR-Zeiten, Personalausweis und Fahrerlaubnis waren auch mit dem DDR-Aufdruck anerkannte Dokumente. Also ab zum nächsten Geldinstitut. 1000,- DM in Lire umtauschen, war gar nicht so einfach, die fast eine Million italienischer Währung musste erst einmal beschafft werden.

Damals übernachteten wir noch ... auf Unterwegs-Parkplätzen

Unser Traum, einmal im Leben Millionär zu sein, erfüllte sich aber nicht, die paar Märker bis zur Lire-Million fehlten leider auf dem Sparkonto. Die freundliche Dame hinter dem Bankschalter tröstete uns mit den Worten, dass man nun einmal nicht alles haben könne: Reisefreiheit, Westmark und reicher sein als die Großeltern zu Inflationszeiten, das sei ein wenig zu viel des Guten. Wie sehr sich die Gute geirrt haben sollte, wird sich später herausstellen.

Finanziell traumhaft ausgestattet, packten wir unseren Qecki-Caravan voll Lebensmittelkonserven, ließen den Lada noch einmal checken und begaben uns auf die größte Reise unseres Lebens. Campingplätze mieden wir in gewohnter Ostreisepraxis, sparten, wo es nur ging, übernachteten auf Park- und Rastplätzen, oftmals umsorgt von nächtlichen Polizeistreifen. Die sahen es zwar nicht gern, dass wir wild campten, wir empfanden das freundliche Klopfen an der Caravantür aber als nette Zuwendung der Ordnungshüter.

Irgendwann waren die Alpen erreicht. Staunend erlebten wir das riesige Bergmassiv, erkletterten per Seilbahn alle möglichen Gipfel und lächelten auf die schnöde kleine Welt da unten herab. Allerdings, so viele Gondelfahrten konnten wir uns dann doch nicht leisten, schließlich war Sparen angesagt. Grenzübergänge kannten wir von unseren Auslandsreisen zur Genüge, mürrisch dreinblickende Grenzer auch. Das war hier im Westen nicht anders, nur ging alles schneller. Die Routinefragen nach dem Wohin und den zu verzollenden Waren beantworteten wir freundlich grinsend, und im Nu befanden wir uns im Ausland.

Und so erlebten wir langersehnt die Welt der Alpen

In den österreichischen Alpen erklommen wir mit dem Lada und Qecki am Haken problemlos jede Menge Pässe, obwohl wir wegen einiger Umleitungen für Gespanne gesperrte Straßen gezwungenermaßen unter die Räder nehmen mussten. Irgendwann war Schluss. Trotz auf voller Stufe laufender Heizung – ein probates Mittel der Lada-Fahrer zur Vermeidung einer Motorüberhitzung – gab das Autochen kurz vor Erreichen eines Alpenpasses einfach auf. Trotz intelligenter Blicke in den Motorraum wussten wir außer Zündkerzenreinigen nichts zu unternehmen. Um die Dinger berühren zu können, musste das Gefährt erst einmal abkühlen. Das hieß: Warten. Ein freundlicher Wessi bot uns seinen Werkzeugkasten an, der allerdings gemessen an unserer eigenen Ausstattung recht dürftig aussah. Helfen konnte der gute Mann aber auch nicht. Trotzdem empfingen wir sein

Mitgefühl dankbar, was zumindest die erste Panikstimmung zu dämpfen gelang. Wieder allein, wollten wir zaghafte Reparaturversuche unternehmen. Ein Probestart enthob uns aller Sorgen, das Auto sprang problemlos an und erfüllte später selbst auf höheren Passstraßen anstandslos seine Aufgaben.

Campingplatz auf der grünen Landzunge von Cavallino

Nach Verschwinden der Stresshormone erinnerte ich mich, dass es eigentlich eine Eigenart meines Ladas war, bei größerer Hitze in der Benzinleitung Luftblasen zu bilden, die zu Stotterern und Aussetzern des Motors führten. In der Slowakei war mir mitten auf einer

Autobahnbrücke der Benzinschlauch vom Vergaser gerutscht und wegen meiner unqualifizierten Treterei auf das Gaspedal kühlte ich den heißen Motor kräftig mit Benzin ab. Dass es nicht zu Schlimmerem kam, war damals mehr als Glück. Seitdem führte ich immer ein Stück intakten Benzinschlauch mit, das ich nun bei einer später vorgenommenen Sicherheitsreparatur gut gebrauchen konnte. Endlich erreichten wir unser Ziel in Italien, zwar nicht dort, wohin uns das Angebot aus der heimischen Zeitung gelockt hatte, doch eines in der Nähe desselben.

Der Urlaub übertraf alle Erwartungen, eine Fülle von Eindrücken prägen bis heute die Erinnerungen. Was wir aus dem Westfernsehen kannten, lag zum Anfassen vor uns, wir genossen das Neue in vollen Zügen.

Höhepunkt war zweifellos der Besuch Venedigs, den wir uns gleich mehrmals genehmigten. Wir bereisten die Umgebung, genossen den Strand und die warme Adria und nahmen uns vor, später wieder einmal vorbeizuschauen. Das taten wir dann auch mehrmals.

Auf dem Campingplatz schloss sich uns nach einigen Tagen der redselige und anhängliche Hugo aus dem Ruhrgebiet an. Nachdem sein

Venedigs Hauptstraße: Der Canale Grande

Der Marcusplatz mit dem Campanile und dem Dogenpalast

bisheriger Gesprächspartner abgereist war, nahm sich Hugo unserer an. Er gab Entwicklungshilfe und stellte sich als Berater und Verhaltensführer zur Verfügung. Hugo arbeitete als Zivilist in der Lebensmittelbranche, wie er sagte. Später erfuhren wir, dass er Lkw-Fahrer bei einem Lebensmittelkonzern war.

Übrigens eine Erfahrung, die wir als Neu-Wessis damals des Öfteren machten: Über Beruf, Verdienste und Politik sprachen unsere Urlaubsbekanntschaften – wenn überhaupt – nur sehr ungern. Vor wen die Angst hatten, war uns absolut unklar. Hugo war der Prototyp für persönliche Zurückhaltung. Von sich tat er bis auf einige Witzchen über seine Frau nur wenig kund. Eine eigene Meinung zu den damals uns bewegenden historischen Ereignissen hatte Hugo nicht, zumindest nicht öffentlich. Dafür traktierte er uns mit Weisheiten aus der einzigen hier zu kaufenden deutschen Tageszeitung, wie: Im Rhein wurden Pyranjas gesichtet, die Zelte seien allerwelt auf dem Vormarsch, weshalb er sich auch keinen noch so kleinen Caravan zu leisten bereit sei. Unter dem Strich kam aber heraus, dass der gute Mann ein recht bescheidenes Dasein führte und in uns Leute gefunden zu haben meinte, die noch armseliger zu sein schienen als er im zivilen Malocherleben.

Hugo lehrte uns, wo es die am dicksten belegten Pizzen zu kaufen gab, wo das Gelati zwar nicht das Beste, aber Billigste war. Alles drehte sich um Preise und Einkäufe. Und obwohl wir uns Sparzwang auferlegt hatten, folgten wir seinen Ratschlägen fast nie. Venedig kannte er übrigens nur vom Hörensagen, obwohl er nicht das erste Mal hier im Urlaub weilte. Hugo meinte, dort wäre es viel zu teuer, wie er von anderen Campern wüsste. Damit hatte er allerdings Recht, weshalb wir uns auch zu unserem nachträglichen Bedauern den Besuch der historischen Stätten der alten Machtzentrale versagten. Die Eintrittspreise zum Dogenpalast wagten wir uns wegen ihrer Höhe nur zuzuraunen. Erst einige Jahre später nach Gewöhnung an die üblichen Museumspreise holten wir das Besuchsversäumnis ohne Reue nach.

Wir wollten als DDRler auf dem Campingplatz so wenig wie möglich auffallen, was uns allerdings wegen der Äußerlichkeiten unseres Domizils und Fahrzeugs nicht sonderlich gelang. Die positiven Resonanzen anderer Camper, die uns in der endlich errungenen Freiheit begrüßten, blieben in guter Erinnerung. Am liebsten waren uns die, die uns in gewohnter Weise als Mitcamper betrachteten, über Wetter, Urlaub und alle Welt klönten.

Weniger angenehm empfanden wir die als Entwicklungshilfe gebotene Brüderlich- und Schwesterlichkeit. Sicher waren die Ratschläge nicht bös gemeint, wir wollten aber nicht als bedauerliche Menschen einer den Ratgebern unbekannten Welt behandelt werden. So lernten wir schnell das dankbare Grinsgesicht aufzusetzen, obwohl wir doch niemals wieder heucheln gewollt hatten.

Schlimmer waren für uns die unverhohlene Großkotzigkeit und Häme einiger weniger Zeitgenossen, wie ein paar junge Studenten, die uns wegen unseres – in ihren Augen vorsintflutlichen Campinggefährts – zu verspotten suchten. Das hörte erst auf, als sie während eines kleineren Regengusses in ihrem Zelt total absoffen, während wir im Trockenen sitzend unser Bierchen genossen.

Dagegen nahmen sich die Angebereien eines Pärchens im Wohnmobil schon lächerlich aus, die ob unserer in Zelterzeiten gelernten

Venezianische Impressionen

überholten Kühlmethoden mehrmals lauthals nach Getränken aus ihrem Bordkühlschrank verlangten. Bedauernd nahmen wir zur Kenntnis, dass der arme Mann sich vermutlich wegen der Menge eiskalter Getränke den Magen total verdorben hatte. Dankbar nahm seine Gattin die Ratschläge und Medizin meiner mitleidigen Frau zur schnellen Linderung seiner Beschwerden entgegen. Sie bot uns an, die Kühlung unserer Butter hinfort zu übernehmen, musste sich aber verwundert eingestehen, dass sie nie gedacht hätte, dass man mit einfacher natürlicher Verdunstungskälte gut auf einen Kühlschrank verzichten konnte. Ganz so dusselig schienen die Ossis wohl doch nicht zu sein. Jedenfalls wurden ab sofort freundliche Gespräche geführt, man lernte sich kennen und letztlich auch schätzen. Einige gemeinsame Unternehmungen waren die positive Folge beginnender Vorurteile-Überwindung.

Eines Tages wollte eine Vorderradbremse unseres Lada nicht mehr loslassen und zog das Fahrzeug stur in Richtung Straßenmitte. An Bremsen wird nicht repariert, lautet eine Selbsthelferregel. Der Lada musste in eine Werkstatt. Jetzt war der Zeitpunkt gekommen, einen rigorosen Kassensturz zu vollziehen. Wie viel darf die Reparatur kosten, ohne die Heimreise zu gefährden. Wir hatten uns einiges geleistet, die 1.000,- DM dürften allmählich auf ein Minimum geschrumpft sein. Und so sah dann das Bündel mit den 10.000-Lire-Scheinen auch aus. Es waren nur noch wenige dieser Papierchen vorhanden. Zu Hause müssten allerdings die Gehaltszahlungen des laufenden Monats eingegangen sein, sodass keine Gefahr der totalen Pleite bestand. Mit diesem beruhigenden Gefühl zählten wir die letzten Scheinchen.

Am Ende der Zeremonie meinte meine Frau arglos: „Ich habe aber noch so ein Bündel Scheine!" Das war zu viel des Guten. Wo kamen die denn her? Noch einmal fast 1 Million Lire!! Und wir hatten nicht einmal wahrgenommen, dass wir nun doch einmal in unserem Leben richtige Millionäre gewesen waren! Die Rätselei begann, woher der gigantische Geldsegen gekommen sein konnte. So richtig klar ist die Sache bis heute nicht.

Jedenfalls waren Reparatur des Autos und einige Zusatzunternehmungen möglich geworden. In der Werkstatt erwarteten wir eine filigrane Reparaturarbeit, zumal der Lada einen russischen Lizenzbau des italienischen Fiat darstellte. Ohne Wartezeit, für uns eine absolut ungewohnte Kundenfreundlichkeit, nahm Kfz-Meister Bruno unser geliebtes Auto in seine Handwerkerpranken, schleppte eine Art Brecheisen heran und bearbeitete das Fahrzeug unter den schmerzenden Zuckungen seines Besitzers mit kräftigen Hieben und jeder Menge Rostlöser-Öl. Dann verlangte er 15.000 Lire und garantierte uns, dass der Wagen nunmehr keine „Zicklein" – wie er sagte – mehr machen würde. Und so war es auch. Selbst die heimische Werkstatt sah keinen Grund, irgendwelche Ersatzteile einzubauen.

Der erste Urlaub als Ossis im Westen ging zu Ende.

Später reisten wir noch mehrere Male nunmehr als in den neuen Ländern lebende Bundesbürger in diese Region und besuchten den gleichen Campingplatz, der sich von Jahr zu Jahr veränderte, und das nicht nur zu unserer Erbauung. Die Mitglieder eines ungarischen Clubs hatten den Platz dazu erkoren, ihre Mietzelte in geballter Anzahl zu errichten. Die wöchentlich wechselnden Besatzungen hatten mit Camping wenig am Hut, sie nutzten ihren Aufenthalt für langdauernde, feuchtfröhliche Wiedersehens-

Es sind Bilder wie diese, die unsere Reiselust immer wieder neu belebten und uns viele Jahre hierher zurückkehren ließen.

feiern und breiteten sich von Mal zu Mal weiter aus. Hugo erklärte uns, dass viele der alten Dauerbesucher des Campings inzwischen auf einen anderen, nicht besseren, aber ruhigeren Platz umgezogen seien.

Als eines Tages die Campingleitung unsere Stellfläche halbierte und unseren Protest achselzuckend mit der Bemerkung abtat, dass es nun einmal nicht zu ändern sei, fassten auch wir den Entschluss, hier nie wieder unser Domizil aufzuschlagen. Es waren aber nicht die feiernden Ungarn, die uns vergraulten. Vielmehr veranlasste uns die Gesamtheit aller kleinen Veränderungen wie nachlassende Platzpflege, zunehmende Unfreundlichkeit der Rezeptionsbediensteten, Bürokratisierung der Aufenthaltsregelungen und der sich immer mehr ausschließlich am Kommerz orientierende Umgang mit den Gästen zu diesem Entschluss. Oder waren wir mit unserer kritischen Beurteilung der Zustände nach Preis und Leistung etwa schon voll in der neuen Welt aufgegangen?? Der Verdacht drängt sich auf angesichts der einstmaligen Kritikschwäche gegenüber Campingzuständen in alten Ostzeiten.

5 Epilog

Fast 20 Jahre trieben wir uns campend in östlichen Gefilden umher. Inzwischen sind es schon wieder fast 20 Jahre, dass wir unseren Reisehorizont in westlicher und südlicher Richtung erweitern durften. Der Norden steht noch aus. Damals, im Osten, hatten wir keine Chance, andere als die vorgegebene Himmelsrichtung zu bereisen. Wir taten das, weil wir uns campend den gängelnden Kontrollen eines Regimes entziehen konnten, das alles und jeden aus Angst, genannt Fürsorge, an die Leine legen wollte und wegen seiner Eigenheit vielleicht auch musste. Dass wir nicht einmal als Camper die absolute Freiheit genießen konnten, müsste aus unseren Erlebnissen klar geworden sein. Aber wer ist schon absolut frei?

Die hier nacherlebten 20 Jahre Ostalgiecamping zeigen nur einen winzigen Ausschnitt unseres wirklichen Lebens. Das dargestellte Geschehen bezieht sich auf einen jährlichen Monatsstreifen um den Juli und August. Die restliche Zeit, also elf Monate des Jahres, verbrachten wir mit Berufs- und Familienleben, unter Freunden oder im DDR-öffentlichen Alltag. Es gab auch ein Leben vor der Camperzeit. Und ich versichere:

Wir saßen nicht nur weinend, verhärmt und mit dem Leben hadernd in irgendwelchen Eckchen herum! Wir waren auch fröhlich, feierten, schmiedeten Zukunftspläne und hielten es mit Goethes „Prometheus": trotzig und selbstbewusst unseren eigenen Weg zu gehen. Camping spielte dabei die Rolle der körperlichen Schaffung eines beschränkten Freiraums. Und immer dann, wenn es wild und abenteuerlich wurde, die Zivilisation sich zurückzog, war es besonders schön.

Es kommt also nicht darauf an, wohin man reisen darf, sondern wie man das Mögliche für sich zu nutzen weiß. Noch heute ziehe ich das kleine, „naturbelassene" Camp dem Superplatz vor. Nicht Komfort, sondern menschliche Begegnungen machen für mich den Reiz der Campingreise aus. Daraus schöpften wir in alten DDR-Zeiten Energie für den Jahresrest, weil wir erkannten, dass es überall Leute gab, die wie wir dachten, fühlten und empfanden.

Der jährliche Campingurlaub war für uns unendlich wichtig, wir planten, verwarfen und organisierten, bereiteten das Erlebte in Wort und Bild auf und tankten Vorfreude. Aber unser Lebensinhalt wurde das Hobby nicht, dafür gab es noch eine Welt außerhalb der Campingplätze.

Unsere Reisen ins sozialistische Ausland waren mehr als nur Ausreißen vor Gängelei und an der Freiheit schnuppern. Uns trieb die Neugierde auf andere Völker, Kulturen, Landschaften und Gedankenwelten um. Wie lebten und dachten sie, die Tschechen, Slowaken, Ungarn, Rumänen und Bulgaren? Und dabei gewannen wir Einsichten und Eindrücke, die uns niemand wieder nehmen kann. Tschechen und Slowaken erschienen uns gar nicht so verfeindet, wie hinter vorgehaltener Hand behauptet wurde. Vielmehr hatten wir den Eindruck, dass mit diesem Gerücht böse Buben und Madeln ihr übles Süppchen kochen wollten.

Dass die Slowaken echte Probleme mit den bei ihnen lebenden Zigeunern hatten, war unübersehbar. Rumänen kamen mit dem Problem besser zurecht, Bulgaren weniger. Vor unserer letzten Ungarnreise wurden wir ganz offiziell von Vorgesetzten vor rachsüchtigen Zigeunern gewarnt. Sie hätten nach einem unglücklichen Verkehrsunfall die Ehefrau eines deutschen Autofahrers erhängt, weil ein Kind bei dem Unfall zu Tode gekommen sein soll. Bisher war es bei uns sogar verpönt gewesen, das

Wort „Zigeuner" in den Mund zu nehmen, 1989 wurde der Ton schärfer. Wollte man uns von Reisen ins Bruderland abhalten?

Die sozialistische Ideologie, so konnten wir immer dann erfahren, wenn es persönlich wurde, hatte unter den Brudermenschen nur verbal, nicht emotional Fuß gefasst. Die Probleme ähnelten sich, unterschieden sich aber stark im Detail.

Wir bewunderten den familiären Zusammenhalt der Bulgaren, ein Netz, das jeden auffing und Geborgenheit vermittelte. Den Stolz auf die eigene Geschichte hätten wir auch gern gehabt, aber da waren die Gespenster der deutschen Vergangenheit gegen. Mit Marx und Engels ließ sich nicht gut hausieren. Und die anderen wollten vergessen bleiben. Ach doch! Goethe und Heine trafen wir des Öfteren. Auch unsere alten Volksmärchen waren überall zu Hause. Vielleicht waren es gar nicht unsere, die Grimms hatten sie den anderen nur gemaust.

Wir bewunderten die Ruhe der Rumänen. Wie die ihren kommunistischen Dracula mit stoischer Geduld ertragen konnten, war phänomenal. Das allgegenwärtig sichtbare Elend war unsererseits schwer zu ertragen. Die Menschen nötigten uns Mitleid ab, das sie absolut nicht haben wollten. Achtung war ihnen wichtiger, Achtung vor ihrer Gastfreundschaft und ihren Anstrengungen zur Verbesserung der Situation. Und trotzdem mussten wir differenzieren. Wie bei uns trafen die Gegensätze aufeinander. Weil wir fremd waren, fielen sie uns besonders auf, weil wir uns immer dabei ertappten, eigene Maßstäbe bei der Bewertung der Erscheinungen anzulegen.

Aber mit der Zeit lernten wir, Wesentliches von Unwesentlichem zu unterscheiden, uns nicht mehr so wichtig zu nehmen und das Fremde, Andere zu tolerieren. Trotzdem wurden wir keine besseren Menschen. Nicht selten fanden wir Vorurteile und Warnungen bestätigt und frönten ihrer.

Bereits erschienen:
LESERBÜCHER

LESE®BUCH 1
Marianne Schmöller:
Jugendtraum Peloponnes
Mit dem Caravan durch Griechenland
108 Seiten, 33 Abb. sw,
ISBN 3-928803-22-0,
9,90 Euro, Bestell-Nr.: LB 01

Marianne und Franz Schmöller, beide über 65 Jahre alt, haben ihre Jugendträume, die sie in und um Rosenheim hegten, bis ins Alter nicht vergessen. Ihre Träume, die sie auf Reisen in die Ferne lockten, blieben lange unerfüllt.
Erst jetzt, nach langem Familien- und Arbeitsleben sowie Aufbau einer eigenen Firma im Rentenalter, haben die beiden ihre Träume zurückgeholt und versuchen nun, auf ihren Reisen die Welt ihrer Träume aus den jungen Jahren einzufangen. Das Nordkap war ihr erstes großes Ziel. Dann folgten ausgedehnte Reisen nach Griechenland und Spanien.
Mit dem Caravan sind sie unterwegs, weil sie damit unabhängig sind. Diese Freiheit hat natürlich auch bei Schmöllers ihre eigene Geschichte. Allzu oft mussten sie gebuchte Bungalows und Hotels wieder abbestellen, verloren dabei Geld und Freude am Reisen, nur weil in der Firma unaufschiebbare Probleme aufgetaucht waren. Die zielstrebigen Unternehmer gingen diesen unerfreulichen Tatbestand zielstrebig an, und fanden für sich und ihre Familie eine flexible Lösung: Reisen im Wohnwagen. Mal stand der Caravan in den nahen Alpen, mal am See, aber nie zu weit von zu Hause weg. Schmöllers verbrachten ihren Jahresurlaub im Wohnwagen, und häufig eben mal ein verlängertes Wochenende. Auch Wintercamping war schon bald angesagt und gehörte zum festen Jahresreiseprogramm.
In Rente lautet nun die neue Devise: Fernreisen. Das wollten Marianne und Franz Schmöller nur mit einem ganz neuen Gespann wagen.
Seit zwei Jahren hängt deshalb am Allrad-Nissan X-Trail ein Fendt platin.
Die vielen Erlebnisse fesselten Marianne Schmöller so sehr, dass sie beschloss, das Erlebte niederzuschreiben. Franz Schmöller oblag die Dokumentation mit der digitalen Kamera. Was zunächst nur fürs heimische Familienalbum gedacht war, wuchs sich zur handfesten Reisebeschreibung aus. Von Freunden und Verwandten ermutigt, wagte Marianne Schmöller schließlich eine Anfrage nach einem kleinen Büchlein beim DoldeMedien Verlag. Dort fiel die Idee „Leser schreiben für Leser" auf fruchtbaren Boden – und das LESE®BUCH wurde geboren.

LESE®BUCH 2
Hans-Georg Sauer: **Der vierte Versuch**
Mit dem Wohnmobil zum Nordkap
72 Seiten, 22 Abb. sw + Karte,
ISBN 3-928803-23-9,
7,90 Euro, Bestell-Nr.: LB 02

Hans-Georg Sauer ist Reisemobilist mit Leib und Seele. Das Reisemobil ist für den 51jährigen Hobby und Tür zu seinem ganz persönlichen Stückchen Freiheit: „Reisen, wohin ich will. Essen, wenn ich hungrig, schlafen, wenn ich müde bin. Und ich kann mich nicht verfahren, sondern allenfalls ein anderes schönes Ziel finden."
Diese Gelassenheit tritt in der vorliegenden Reiseerzählung mit einem witzigen Spannungsfeld mit der ungeduldigen Vorfreude während der Reisevorbereitung. Hans-Georg Sauer gehört nicht zu den „Meilenfressern". Selbst in den wenigen Urlaubstagen, die ihm für seine Reisen bleiben, ist er immer offen, Neues zu entdecken, Unbekanntes zu ergründen, sich treiben zu lassen. So gelingt ihm denn auch erst im vierten Anlauf, sich den Traum zu erfüllen, den so vor ihm vielen: Einmal die Mitternachtssonne am Nordkap erleben. Nicht technische Defekte werfen ihn aus der Bahn. Die Aussicht auf Spannenderes und die Einsicht, nichts erzwungen zu müssen, bringen Mal für Mal den Knick in die Route.
Natürlich erzählt Hans-Georg Sauer für sein Leben gern. Im Kreis seiner Familie, Freunde und Kollegen machen seine Reiseberichte viele Male die Runde. Aus diesem Kreis kommt schließlich auch der Anstoß, seine Erlebnisse zu Papier zu bringen. In seinem Erstlingswerk gelingt ihm das spannend und unterhaltend.

LESE®BUCH 3
Leonore Schnappert: **Abenteuer Sibirien**
Mit dem Reisemobil zum Baikalsee
181 Seiten, 215 Abb. sw,
ISBN 3-928803-35-2,
14,90 Euro, Bestell-Nr.: LB 03

Leonore Schnappert (Jahrgang 1956) aus Velbert in Nordrhein-Westfalen war mit ihrem Mann Ingo in einem Flair von Niesmann+Bischoff drei Monate unterwegs. Sie legten in dieser Zeit annähernd 18.000 Kilometer zurück.
„Die Idee, mit einem Reisemobil zu fahren, hatte ich im Frühjahr 1990 nach der Grenzöffnung. Mich begeisterte der Gedanke, Ostdeutschland zu erkunden. Mein Mann erinnerte sich bei meinem Vorschlag an Campingurlaub in seiner Jugendzeit und teilte meine Begeisterung nicht spontan. Während der ersten Tour bemerkte er dann schnell, dass diese Form des Reisens doch sehr bequem und angenehm sein kann. Und nach der dritten Mietaktion waren wir uns einig, dass wir zukünftig, wann immer uns der Sinn danach steht, einsteigen und losfahren wollten. Ab sofort sollte im Urlaub nur noch in eigenen Betten geschlafen werden." Von Anfang an lagen die Ziele längerer Wohnmobilreisen im Osten. Das Paar bereiste die baltischen Staaten, Polen, Ungarn, Weißrussland, einige der GUS-Staaten und die Hohe Tatra in der Slowakei. Doch das größte Erlebnis bisher war die Reise zum Baikalsee. Täglich habe ich das Erlebte aufgeschrieben und diese Aufzeichnungen dienten als Grundlage für dieses Buch.

LESE®BUCH 4
Christiane und Wilhelm Holub:
Am Kap der Guten Hoffnung
Mit dem Reisemobil durch Südafrika
100 Seiten, 40 Abbildungen sw,
ISBN 978-3-928803-38-0,
9,90 Euro, Bestell-Nr.: LB 04

Christiane und Wilhelm Holub, beide Jahrgang 1950, reisen gern und viel. Meistens sind es Ziele, die mit dem eigenen Reisemobil angesteuert werden. Immer wieder locken aber auch ferne Länder, in denen dann ein Reisemobil gemietet wird.
So auch in Südafrika. Anregende Reiseliteratur und liebe Bekannte im Land waren ausschlaggebend. Vorzubereiten war nicht viel. Günstige Flüge gibt es häufig.
„Im Land haben wir in etwa sechs Wochen fast alle besonderen Sehenswürdigkeiten in einem Rundkurs angesteuert, 7.500 Kilometer sind so ohne Hetze zusammengekommen.
Wir hatten das Glück, besonders viele Tiere ganz nah zu erleben. Elefanten, Giraffen, Büffel, Löwen, Nashörner, alle Arten von Zebras, Böcken, Gnus... und viele weitere Tiere und Exoten. Sie hautnah und in ihrer Freiheit beobachten zu können, ist etwas Besonderes. Dazu haben diese Safaris etwas ungemein Prickelndes, Unvergleichbares.
Die unterschiedlichen Landesteile einschließlich der Königreiche Swaziland und Lesotho, Landschaften, National-Parks und Game-Parks, Städte und Geschäfte haben alle ihre besonderen Reize. Lassen Sie sich mitnehmen auf unsere Safari. Zum swingenden Elefanten und auf die Kap-Halbinsel. Wir jedenfalls fahren wieder hin."

LESE®BUCH Nr. 5
Marita Gutzeit:
Alles der Elche wegen
Vom Reisemobilurlaub
zum Ferienhauskauf in Schweden
272 Seiten, 29 Abb. sw,
ISBN 978-3-928803-39-7,
19,90 Euro, Bestell-Nr.: LB 05

Die Autorin Marita Gutzeit (Jahrgang 1957) aus Wolfenbüttel kaufte 1994 mit Ehemann und ihren zwei Söhnen ein Ferienhaus in Schweden.
„Nach zwanzig Jahren Campingurlaub in Skandinavien, erst mit dem Wohnwagen, später mit einem Reisemobil Marke Eigenbau, ergab es sich zufällig, dass wir in unserer seit zehn Jahren bekannten Lieblingsgegend in der Nähe von Vänersborg, nur 30 Kilometer von den berühmten Elchbergen „Halle- und Hunneberg" ein Ferienhaus mitten in der schwedischen Natur kauften.
Damit begannen für uns neue Herausforderungen. Wie löst man die Wasserversorgung und Abwasserentsorgung ohne an die öffentliche Kanalisation angeschlossen zu sein? Wie renoviert man ein Holzhaus und was darf man in Schweden ohne Baugenehmigung dazubauen? So entstanden nach und nach ein neuer Geräteschuppen, ein Saunahaus und eine neue Veranda. Auch der Traum vom gemütlichen Holzofen erfüllte sich eines Tages. Vor allem aber: Wie schafft man es, die Mäuse aus dem Haus fernzuhalten, die sich in einem nicht ständig bewohnten Haus besonders wohl fühlten und erhebliche Schäden anrichteten? Mit viel Humor und guter Nachbarschaftshilfe haben wir trotzdem jedes Problem gemeistert. Aber eins ist uns geblieben: die Liebe zum Campen. So bleibt unser selbst ausgebauter LT Kastenwagen, den wir auf der Anreise immer als Möbeltransporter missbrauchen, unser Heiligtum. Wir genießen auch weiter die Campingplatzatmosphäre, wenn uns mal wieder das Reisefieber packt, wie zum Beispiel bei einer Fahrt zum Klarälv und einer Tour zum norwegischen Geirangerfjord, um das Kreuzfahrtschiff „Queen Elizabeth II" zu bestaunen. Irgendwann habe ich mal darüber nachgedacht, unsere Erlebnisse und Erfahrungen, die wir in Schweden gesammelt haben, einfach mal aufzuschreiben. Daraus ist dann dieses Buch entstanden."

Bereits erschienen:
KINDERBÜCHER

KINDERBUCH 1
Fritz B. Busch: **Unser Sturmvogel hat Räder**
Der wiederentdeckte Roman
132 Seiten, 15 Abb. sw,
ISBN 3-928803-24-7,
2. Auflage, 9,90 Euro, Bestell-Nr.: SV 01

Fritz B. Busch ist schon zu Lebzeiten Legende. Der Grandseigneur unter den Motorjournalisten verzaubert seit fast 50 Jahren die Leser großer Zeitschriften mit seinem unverwechselbaren Stil. Dieses Buch schrieb er vor gut 40 Jahren als Lesebuch für kleine und große Camper. Jetzt ist es wieder da – brillant formuliert, mit verschmitztem Humor und so frisch wie damals. Eben Fritz B. Busch.

DoldeMedien
VERLAG GMBH

Bereits erschienen:
PRAXISBÜCHER

PRAXISBUCH Nr. 1
Konstantin Abert:
Russland per Reisemobil
Basiswissen für Selbstfahrer
2., überarbeitete Auflage,
148 Seiten, 53 Abb. sw,
ISBN 978-3-928803-26-7,
12,90 Euro, Best.-Nr.: PB 01

„Was, du willst mit deinem Wohnmobil nach Russland? Bist du lebensmüde geworden? Betrunkene an jeder Ecke, überall kleine Tschernobyls und jetzt noch die Tschetschenen. Die Mafia wird dich ausrauben und dein Camper ist auf Nimmerwiedersehen weg." Das ist vielleicht eine extreme Reaktionen, wenn Sie Ihren Freunden und Bekannten erzählen, Sie wollen mit Ihrem Camper auf eigene Faust nach Russland fahren. Die meisten werden aber zumindest ausdrücklich warnen und wieder zu Frankreich oder Norwegen raten. Natürlich sind diese beiden und andere europäische Länder absolut reizvolle Ziele. Aber im Gegensatz zu vielen Pauschalreisetouristen zeichnen sich Reisemobilisten eben durch etwas ganz Besonderes aus: sie sind Individualisten, voller Neugierde und Unternehmungslust. Sie sind bereit, hinter dem Steuer die Welt auf eigene Faust zu erkunden. Sie wollen Land und Leute kennen lernen, sie wollen neue Gebiete bereisen und so ihren Horizont erweitern. Und damit sind sie alle kleine oder größere Abenteurer, manchmal gar Pioniere.
Russland ist dafür genau das Richtige. Es ist ein wunderschönes und geheimnisvolles Land. Es ist unvorstellbar groß, erstreckt sich vom alten Königsberg an der Ostsee über zwei Kontinente und elf Zeitzonen bis hin zum Stillen Ozean. Es hat unzählige Meeresküsten, Seen, Berge, Wälder, Ebenen, wunderschöne moderne und historische Städte, verschlafene romantische Dörfer und äußerst gastfreundliche Menschen. Es hält durch die Umbrüche in der jüngsten Geschichte viele Abenteuer parat. Vor allem ist es sehr viel sicherer als sein Ruf vermuten lässt. Kurzum: Russland ist ein Eldorado für den weltoffenen Individualreisenden.

PRAXISBUCH 2
Konstantin Abert:
Mobile Begegnungen in Russland
Mit dem Reisemobil durchs größte Land der Welt
200 Seiten, 50 Abb. sw,
ISBN 3-928803-27-1,
14,90 Euro, Best.-Nr.: PB 02

Ausdrücklich warnten uns finnische Freunde vor der Reise mit dem Wohnmobil durch die Sowjetunion: „Hier in Helsinki seid ihr sicher. Aber da drüben in Sowjetrussland ist schon wieder eine finnische Familie samt Wohnwagengespann verschollen." In unserer fünfköpfigen Reisecrew wurde danach heiß diskutiert, ob wir es denn wirklich wagen sollten, ohne Russischkenntnisse durch dieses Land zu fahren. Mit drei zu zwei ging die Entscheidung äußerst knapp für „Sowjetrussland" aus, so wie viele Finnen ihren östlichen Nachbarn leicht abwertend nannten. Wir riskierten es also und hatten 1990 so unser erstes russisches Abenteuer. Und was für eins. Wir mussten sogar die Sekretärin des Ministers für auswärtige Angelegenheiten in Batumi kidnappen, um ausreisen zu dürfen. Aber davon erzähle ich lieber etwas später.
1990 war eine politisch sehr bewegte Zeit. Die Mauer der DDR war vor einigen Monaten gefallen, die Gorbimanie in Deutschland ausgebrochen und der Irak hatte gerade Kuwait annektiert. Die Sowjetunion begann zu zerfallen, kannte aber noch eine der 15 Sozialistischen Sowjetrepubliken. In diese bewegte Zeit fiel unsere erste Russlandreise hinein. Es war zumindest für mich der Anfang einer Leidenschaft, die eben nicht nur Leid schaffte, sondern auch viel Freude bereitete.
Seit dieser ersten Reise sind 14 Jahre ins Land gestrichen. 14 Jahre, in denen viel geschehen ist. Ich habe mich aus dem Verbund meines Elternhauses mindestens genauso friedlich und überraschend gelöst, wie Russland aus der Sowjetunion.
Blicke ich zurück auf diese 14 Jahre, schlagen über dreißig Reisen nach Russland, meist mit einem selbst ausgebauten Wohnmobil, zu Buche. Die Leidenschaft hat also angehalten und bestimmt heute sowohl mein berufliches als auch privates Leben. Meine Frau Anja habe ich auf der dritten Reise kennen gelernt, obwohl ich mir bis dahin so sicher war, niemals zu heiraten. Um sie zu beeindrucken, erlernte ich die russische Sprache innerhalb eines halben Jahres. Selten ist mir zuvor und danach so schnell so viel gelungen. Aber der Grad der Motivation war einfach nicht zu übebieten.
Beruflich bin ich als Russland-Forscher an der Universität Mainz und freier Journalist tätig geworden. Heute bewege ich mich wie ein Einheimischer in Russland und werde meist nur aufgrund des Reisefahrzeuges oder der Fotoausrüstung als Ausländer erkannt.
Ja, im Laufe der Jahre sind wir beide gereift, mein Russland und ich. Beide haben ihre wildesten Zeiten (hoffentlich) hinter sich. Sind wir also in die Jahre gekommen? Das hätte zumindest für Sie als potenzieller Russlandreisender mehr beruhigende Komponenten als für mich. In Russland geht es nicht mehr so rund, zur Zeit jedenfalls nicht. Alle die, die sich bisher nicht getraut haben, in das Land der Zwiebeltürme zu reisen, sollten es jetzt endlich tun.
Was mich ungemein geprägt und reifen hat lassen, waren die vielen Reisen, die mich schon vor der ersten Begegnung mit dem ehemaligen Zarenreich mehrmals im Jahr ins Ausland führten. Von Los Angeles bis Jordanien, von Norwegen bis Ägypten – ich fand alles hoch spannend und hatte in relativ kurzer Zeit über 50 Länder bereist. Fast immer habe ich die Art für mich bis heute attraktivste Reiseart gewählt. Mit dem Wohnmobil war alles bisher so hautnah, so individuell, so intensiv. Trotzdem kehrte ich auch von monatelangen Touren nie ausgebrannt zurück, weil ich ein Stück Heimat auf Rädern immer bei mir hatte…

Bereits erschienen:
RETROBÜCHER

RETROBUCH Nr. 1
Fritz B. Busch: **Kleine Wohnwagenfibel**
Reprint der Originalausgabe von 1961
144 Seiten, 88 Abb. sw,
ISBN 3-928803-25-5,
11,90 Euro, Best.-Nr.: RB 01

Fritz B. Busch ist schon zu Lebzeiten Legende. Der Grandseigneur unter den Motorjournalisten verzaubert seit fast 50 Jahren die Leser großer Zeitschriften mit seinem unverwechselbaren Stil. Dieses Buch schrieb er im Jahr 1961 für Einsteiger ins Hobby Caravaning. Jetzt ist die „Kleine Wohnwagenfibel" wieder da – mit den historischen Anzeigen und mit verschmitztem Humor. Genießen Sie einen Blick zurück in die Zeiten, als Familienautos wie der DKW nur 350 Kilogramm leichte Wohnwagen ziehen durften. Und als der große Schreibersmann die Freiheit im Caravan brillant und stets mit fröhlicher Ironie schildert – schon damals also mit dem Busch-Touch, der heute ein Markenzeichen ist.

RETROBUCH Nr. 2
Heinrich Hauser:
Fahrten und Abenteuer mit dem Wohnwagen
Reprint der Originalausgabe von 1935,
228 Seiten, 60 Abb. sw,
ISBN 3-928803-29-8,
16,90 Euro, Best.-Nr.: RB 02

Es waren die ersten Pioniere des Campings in Deutschland: die Faltbootfahrer, die in der Nähe der Flüsse Zelte aufschlugen; und es waren die ersten Wohnwagenfahrer, die Neuland betraten und sich eigene Fahrzeuge bauten. Zu diesen reiselustigen Menschen zählte auch Heinrich Hauser, der als einer der Ersten Deutschland in einem Wohnwagen bereiste und dieses in einem faszinierenden Buch beschrieb.
Beim Lesen werden erfahrene Camper und Wohnmobilfahrer erkennen: „Vieles hat sich nicht geändert!". Wäre es nicht schade und ein wesentlicher kultureller Verlust, wenn die Urlaubs- und Feriengewohnheiten des letzten Jahrhunderts verloren gehen würden? – Damals, in diesen bewegten Zeiten, vor und nach einem barbarischen Krieg.
Immer mehr Menschen begannen sich mit einem Zelt oder Wohnwagen auf zwei oder vier Rädern auf die Reise zu begeben, um fremde Länder und Menschen kennen zu lernen. Es waren freundliche, aufgeschlossen Menschen mit einer besonderen Einstellung zum unkomplizierten Reisen, welche die neue Freiheit der damaligen Campingtechnik nutzten.

RETROBUCH Nr. 3
Hans Berger:
Jachten der Landstraße
Reprint der Originalausgabe von 1938,
152 Seiten, viele Abb. sw,
ISBN 3-928803-30-1,
11,90 Euro, Best.-Nr.: RB 03

Mit diesem Nachdruck von Hans Bergers „Jachten der Landstraße" liegt der erste gedruckte Wohnwagenkatalog in deutscher Sprache nach vielen Jahrzehnten wieder vor. Hans Berger, einer der großen Pioniere im Freizeitbereich, legte hiermit 1938 ein geradezu epochales Werk vor: Er stellte nicht nur seine Versuche vor, einen Reisewohnwagen zu konstruieren, sondern zeigte auch die gesamte Angebotspalette des In- und Auslandes in Wort und Bild. Mit unvergleichlicher Sammellust und Liebe zum Detail hat er sich bemüht, die Konstruktionen von Heinrich Hauser bis hin zu den gewaltigen, nur von sehr zugkräftigen Fahrzeugen überhaupt bewegbaren amerikanischen Modellen vorzustellen. Er selbst war ein begeisterter Camper, hatte auf seinem Firmengelände bei München als einer der Ersten Übernachtungsmöglichkeiten für Wohnwagenfreunde geschaffen und selber zahlreiche Reisen mit seiner Familie unternommen. Erfahrene Camper und Wohnmobilfahrer werden viel Bekanntes an technischen und konstruktiven Details erkennen, manches belächeln, doch stets wird es eine Freude sein, zurückzublicken auf diese Anfangszeiten und zu erkennen, dass sich manche Probleme heute wie damals stellten, dass manche Wünsche heute wie damals dieselben blieben.
Dieses Buch war das erste Wohnwagenfachbuch und eine Fundgrube für alle, die sich mit dem aufkommenden Gedanken des Wohnwagenreisens beschäftigten. Er wollte nicht nur eine Dokumentation dessen leisten, was auf diesem Gebiet bislang ersonnen, erbaut und an Erfahrungen vorhanden war, sondern wollte den Interessierten auch Anleitung bei der Frage bieten, was für eine Art Wagen ihren Bedürfnissen und Zwecken am ehesten entspräche.

DoldeMedien
VERLAG GMBH

Bereits erschienen:
RETROBÜCHER

RETROBUCH Nr. 4
Kathleen Harrison:
Abseits ausgetretener Pfade
Übersetzung der engl. Originalausgabe nach Tagebuchaufzeichnungen von 1937/38
212 Seiten, 53 Abb. sw,
ISBN 3-928803-37-9,
15,90 Euro, Best.-Nr.: RB 04

In den späten dreißiger Jahren unternahmen Peter und Kathleen Harrison eine gefahrvolle Reise durch die Sahara mit Auto und Caravan. Peter, ein Marineoffizier im Ruhestand, war ein ebenso kräftiger und abenteuerlustiger Mann wie ein geschickter Zimmermann. Er entwarf und baute Caravans aus Balken und alten Autoachsen. Seine Begeisterung war derart ansteckend, dass Kathleen, die ihre Familie am Kap besuchen wollte, auf die Idee kam, einen Caravan auf dem Landweg von Devon nach Südafrika zu ziehen.
Ohne ihre dreizehnjährige Tochter Sheila, die sie in der Sicherheit eines Internates in England zurückließen, machten sich Peter und Kathleen im November 1937 auf den Weg. Nach einer stürmischen Kanalüberquerung genossen sie die einigermaßen angenehme Reise durch Frankreich. Ihre Probleme begannen erst mit der französischen Bürokratie in Algerien, die zu scheinbar endlosen Verzögerungen führte. Endlich konnten sie die riesige Sahara angehen. Sie blieben oftmals stecken, kamen vom Weg ab, waren fehlgeleitet und frustriert. Wochen der Einsamkeit wurden zu Monaten, und Kathleen zweifelte schon, ob sie ihre Tochter je wiedersehen würde. Doch ihre feste Entschlossenheit und ihr nie versagender Humor siegten, als sie und ihr Mann darum rangen, ihre Traumreise zu einem guten Abschluss zu bringen. Nicht einmal heute schaffen alle Teilnehmer der Rallye Paris-Dakar die Strecke durch die Sahara, doch Peter und Kathleen gelang dieses Wagnis mit einem 30 PS-Ford und einem wackeligen Holzcaravan. Und das sogar zweimal!
Kathleen vermisste ihre Tochter sehr und schrieb eine Art Tagebuch in Briefform für sie. Dieses Tagebuch wurde von ihren Enkeln entdeckt und als Buch herausgegeben.

Bereits erschienen:
EXTREMBÜCHER

EXTREMBUCH Nr. 1
Herbert Nocker mit Helmut Schneikart:
Die Reise meines Lebens
Mit Dixi und Dachzelt um die Welt
316 Seiten, 97 Abb. sw,
ISBN 3-928803-36-0,
19,90 Euro, Best.-Nr.: EB 01

„... Heute aber bin ich froh, ein so unverbesserlicher Träumer gewesen zu sein. Denn ich habe längst begriffen: Um all das, was mir in meinem Leben an Verrücktheiten in den Sinn gekommen ist, verwirklichen zu können, musste ich so sein, wie ich war. Andernfalls wäre ich sicher nicht auf die Idee gekommen, mit meinem Sohn in einem alten Dixi den Erdball zu umrunden...
... und wir zwei würden jetzt nicht in deinem Wohnzimmer sitzen und an einem Buch herumtun. Wie ist es denn eigentlich für dich, wenn du für das Buch so tief in deine Vergangenheit und letztlich auch in dich selber eintauchen musst? Ist das nicht manchmal peinlich?
Nicht peinlich, eher komisch. Das kommt vielleicht daher, dass ich mich mit diesen Dingen noch nie auseinander gesetzt habe. Es gab einfach keinen Grund dafür. Jetzt aber sitzt du hier neben mir, lässt den Tonbandgerät laufen und willst alles haarklein von mir wissen. Also nicht nur, was da im Einzelnen auf dieser Fahrt mit dem Dixi abgelaufen und passiert ist, sondern auch, wie es dazu gekommen ist, was dahinter steckt. Ich verstehe dich ja, für ein Buch gehört das wahrscheinlich mit dazu.
Das Buch entwickelt sich auch zu einer Reise in dich selbst.
Na, servus. Klingt fast wie eine Drohung. Im Ernst: Solche Sachen hat mich zuvor kein Mensch gefragt.
Und du dich selber?
Auch nicht. Nie. Vielleicht wollte ich das alles auch gar nicht wissen. Aber ich finde es interessant, darüber nachzudenken und zu sprechen – und vor allen Dingen nach ein paar Tagen zu sehen, was du aus dem, was ich von mir gegeben habe, gemacht hast..."

Der von frühester Jugend an von Fernweh geplagte Autorestaurator und Oldtimer-Sammler Herbert Nocker, 64, erzählt dem Journalisten Helmut Schneikart, 63, wie er mit seinem Sohn Philipp, 26, die Welt umrundete – in einem selbst gebauten BMW-Dixi Jahrgang 1928 mit 15 PS und Dachzelt.

DoldeMedien
VERLAG GMBH

BESTELLSCHEIN

Einfach ausfüllen und einsenden an DoldeMedien Verlag GmbH, Postwiesenstr. 5A, 70327 Stuttgart oder per **Fax an: 0711 / 134 66-38**

Bitte senden Sie mir schnellstmöglich:

Expl.	Best.-Nr.	Kurzbezeichnung	Einzelpreis
		+ Versandkostenpauschale **Inland** 3,- € (Inland: bei Bestellwert über 20,- € versandkostenfrei)	
		+ Versandkostenpauschale **Ausland** Europäische Staaten 5,- € alle nichteuropäischen Staaten 8,- €	
			gesamt

Die Bezahlung erfolgt

☐ per beigefügtem Verrechnungsscheck ☐ durch Bankabbuchung

Bankleitzahl (vom Scheck abschreiben)

Konto-Nr.

Geldinstitut

☐ **per Kreditkarte**

☐ American Express ☐ Visa Card ☐ Diners Club ☐ Mastercard

Kreditkarten-Nummer   Gültig bis

Absender

Rückgaberecht: Sie können die Bestellung ohne Angabe von Gründen innerhalb von zwei Wochen durch Rücksendung der Ware widerrufen. Die Frist beginnt frühestens mit Erhalt der Ware und dieser Information. Zur Wahrung der Frist genügt die rechtzeitige Absendung der Ware. Die Rücksendung muss originalverpackt und bei einem Rechnungsbetrag bis EUR 40,00 ausreichend frankiert sein, wenn die gelieferte Ware der bestellten entspricht. Andernfalls ist die Rücksendung für Sie kostenfrei. Die Rücksendung geht bitte an die Bestell-Adresse.

Name, Vorname

Straße

PLZ, Ort

Telefon

E-Mail

Datum, Unterschrift

www.ingramcontent.com/pod-product-compliance
Lightning Source LLC
Chambersburg PA
CBHW022009160426
43197CB00007B/356